LES RECETTES CACHÉES DE NARUTO SHIPPUDEN

Photographe : Aline Princet
Stylisme : Séverine Augé
Correction : Christine Cameau
Maquette : Benjamin Brard

ISBN : 9782364808706
Dépôt légal : octobre 2022
Imprimé en France par l'Imprimerie de Champagne Nouvelle

HUGINN & MUNINN

57 rue Gaston Tessier
75166 Paris Cedex 19
www.huginnmuninn.fr

www.facebook.com/huginnetmuninn
@HUGINNMUNINNOFF
@huginnetmuninn

Attention, certaines recettes peuvent contenir des ingrédients provoquant des allergies.

SANAE
PRÉSENTE

LES RECETTES CACHÉES DE NARUTO SHIPPUDEN

HUGINN & MUNINN
Paris – New York

SOMMAIRE

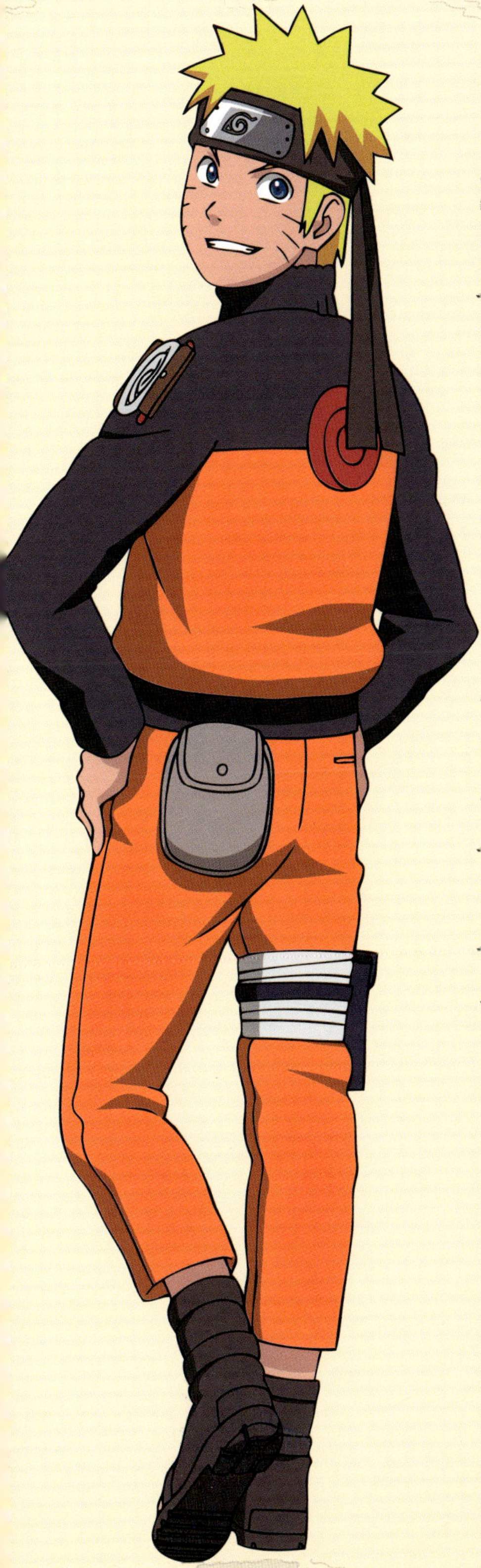

PLATS DE POISSON

DESSERTS

一楽

AVANT-PROPOS

Le 21 septembre 1999, *Naruto* est pour la première fois publié au Japon avant que le premier tome ne paraisse en France quelques années plus tard, en 2002.

À six jours près, le manga et moi avons la même date d'anniversaire. *Naruto* a été le premier anime que j'ai regardé à la télévision à l'âge de 6 ans. Je me souviens ensuite m'être procuré tous les DVD et avoir épluché les tomes dans les librairies et bibliothèques.

En tant que petite fille timide, j'ai beaucoup été inspirée par l'assurance et le courage de Naruto. Il m'a donné envie d'aller vers les autres, de me trouver des objectifs, des passions et de m'y consacrer entièrement.

C'est aussi vers le même âge que j'ai découvert mon amour pour la cuisine et les plats réconfortants, ceux qui rassemblent. Je rêvais de goûter les ramen de chez Ichiraku ; les barbecues avec Asuma et Choji me faisaient baver et je me demandais quel goût pouvaient bien avoir les brochettes tricolores que Itachi et Izumi partageaient.

J'ai persévéré dans mon apprentissage de la cuisine, et particulièrement de la cuisine japonaise. J'ai commencé à filmer mes échecs et réussites culinaires que j'ai décidé de partager sur les réseaux sociaux.

Aujourd'hui, ce chemin parcouru sur les réseaux m'a conduite à l'écriture d'un livre de recettes autour de l'univers *Naruto Shippuden*, à l'occasion de son 20e anniversaire.

Ce personnage m'a inspirée dans des périodes de ma vie où j'en avais le plus besoin. Alors, vous devez imaginer combien je suis transportée à l'idée d'écrire ce livre et de m'investir dans cette aventure avec une équipe tout aussi passionnée par le projet.

Vous trouverez dans cet ouvrage des recettes tirées de *Naruto Shippuden*, certains plats emblématiques de l'anime comme les ramen de chez Ichiraku, mais aussi des créations personnelles inspirées par cet univers.

J'ai voulu rendre accessibles à tous, même débutants, ces recettes de la gastronomie japonaise. Dans cet esprit, un lexique des ingrédients et des magasins est disponible au début du livre. Vous trouverez aussi des astuces pour vous guider tout au long des préparations.

Si les ramen de chez Ichiraku ou encore les barbecues à Yakiniku Q me faisaient tant envie, au-delà de ces plats appétissants, j'ai surtout retenu le réconfort que procure un grand bol de ramen fumant après l'effort. Mais aussi la convivialité des instants passés avec des amis autour d'un gril, souvent proposés pour se récompenser ou se redonner du courage.

La saga *Naruto* est pour moi une œuvre réconfortante et chaleureuse. C'est une série qui encourage ses fans dans la réalisation de leurs rêves. J'espère donc que ce livre vous donnera la même impression, qu'il vous permettra de déguster tout ce qui, comme moi, vous a peut-être fait saliver devant vos écrans.

SANAE

LISTE DES INGRÉDIENTS

« Vous accompagner au mieux dans la réalisation de ces recettes, tel est mon nindo ! »

Le vocabulaire de la cuisine japonaise peut être compliqué, parfois même sournois, surtout lorsqu'au magasin asiatique, un même nom peut désigner différents ingrédients. Voici donc un petit lexique des ingrédients japonais, mais aussi des ingrédients peu courants dans les plats occidentaux. Se fournir en produits asiatiques n'est pas non plus toujours évident. J'ai donc accompagné cet index de quelques recommandations de boutiques physiques ou en ligne où je fais habituellement mes emplettes et où vous pourrez trouver tout ce dont vous aurez besoin.

Ajitsuke tamago : œuf mariné servant notamment d'accompagnement pour les ramen.

Aonori : algue séchée présentée en flocons, utilisée en condiment.

Azuki : variété de petits haricots rouges répandue en Asie de l'Est, notamment populaire pour son utilisation dans la fabrication de pâte de haricots rouges.

Bonite séchée (katsuobushi) : espèce de poisson qui suit d'abord une étape de fumage, avant d'être séché puis râpé en copeaux. Les copeaux de bonite séchée, katsuobushi en japonais, sont fréquemment utilisés dans la préparation de bouillons et prisés en garniture.

Bouillon de poule japonais en poudre : contrairement au bouillon de poule en poudre répandu en Occident, le bouillon de poule en poudre japonais se distingue par le rendu clair qu'il apporte au bouillon et une saveur qui s'accommode bien avec la cuisine asiatique.

Chashu : inspiré d'une recette d'origine chinoise, le chashu japonais est un plat de viande de porc braisée dans un liquide de cuisson aromatisé. Il est notamment connu pour servir d'accompagnement dans les plats de nouilles et ramen.

Daikon : variété de radis japonais. Cru, son aspect légèrement piquant mais plus doux que le radis rouge peut être mis en valeur.

Dashi : le dashi est un bouillon japonais qui sert de base à de nombreux plats japonais, notamment les soupes. Ce que l'on recherche dans le dashi est l'umami, qui peut être obtenu grâce aux ingrédients comme la bonite séchée ou encore l'algue kombu.

Farine de riz gluant : il existe différentes sortes de farine de riz gluant. Celles évoquées dans le livre sont le mochiko et le shiratamako. Ces deux farines, bien qu'obtenues à partir de la même variété de riz, diffèrent par leurs techniques de fabrication. Le mochiko a une apparence plus poudreuse et le shiratamako, plus granuleuse.

Fleur de pois papillon : originaire d'Asie de l'Est, cette fleur connue pour ses bienfaits sur la santé se démarque aussi par la couleur bleue qu'elle donne aux boissons, une fois utilisée en infusion.

Inariage : poche de tofu frit au goût sucré-salé.

Kanten : sorte d'agar-agar japonais qui se distingue de l'agar-agar usuel par la variété d'algue utilisée pour sa conception.

Kinako : poudre de soja torréfiée.

Kombu : variété d'algue fréquemment présentée séchée et très utilisée dans la cuisine japonaise, notamment dans la préparation de bouillon.

Matcha en poudre : thé vert japonais en poudre.

Menma : pousses de bambou utilisées en topping dans les soupes comme les ramen.

Mirin : sorte de vin de riz très répandu dans la cuisine japonaise. Il se distingue du saké par sa plus faible teneur en alcool et son goût plus sucré.

Miso : pâte de soja fermentée. Il en existe plusieurs sortes, dont les plus connus sont le miso rouge (akamiso) et le miso blanc (shiromiso). Le premier se distingue par son goût plus prononcé, dû à une plus longue fermentation, tandis que le second est moins salé et plus doux à la dégustation.

Narutomaki : un type de kamaboko, une sorte de gâteau de poisson caractérisée par sa pâte colorée, souvent en rose et blanc. Le narutomaki, lui, se distingue par la forme de spirale rose qui décore son centre.

Nori : algue souvent présentée sous la forme de feuille séchée, notamment utilisée pour la préparation de makis (makizushi) ou encore d'onigiri.

Nouilles ramen : les nouilles pour ramen ont la particularité d'être préparées avec du kansui, une solution alcaline qui leur confère cette consistance à la fois ferme et élastique.

Nouilles udon : les nouilles udon sont préparées à base de froment et se distinguent par leur épaisseur.

Nouilles yakisoba : le yakisoba désigne un plat japonais de nouilles, à base de farine de blé, sautées avec de la sauce, des légumes et d'autres garnitures. Dans le livre, le terme « nouilles » pour yakisoba renvoie aux nouilles précuites qu'il ne reste plus qu'à faire sauter et dont l'emballage les destine en particulier à la préparation de yakisoba.

Patate douce violette : variété de patate douce à la chair violette.

Saké : vin de riz japonais avec un fort degré d'alcool.

Shichimi togarashi : assaisonnement japonais composé d'un mélange de sept épices dont le piquant modéré est parfait pour relever les plats.

Shiitake : variété de champignons largement répandue en Asie.

Tonkotsu : bouillon obtenu à partir de carcasse de porc. Il sert notamment de base dans la préparation du tonkotsu ramen.

Ube : variété d'igname à la chair violette.

Umeboshi : prune salée japonaise, macérée dans de la saumure.

Vin de riz de Shaoxing : vin traditionnel chinois obtenu à partir de la fermentation de riz gluant.

Wasabi en poudre : bien qu'appelé wasabi, la poudre wasabi est surtout constituée de raifort. Pour obtenir la pâte accompagnant les sushis, mélangez un peu d'eau à cette poudre.

OÙ TROUVER LES PRODUITS JAPONAIS ?

Les produits asiatiques les plus courants, comme les vins de riz, le miso ou encore le wasabi, peuvent se trouver facilement dans les magasins et épiceries asiatiques, voire dans certains rayons « produits exotiques » des supermarchés.

Les produits japonais plus rares à dénicher dans les boutiques physiques peuvent être commandés sur Internet, sur les sites suivants :

Boutiques spécialisées en produits asiatiques
Satsuki.fr
Kioko.fr
Asianmarket.fr
Monpanierdasie.com

Boutiques spécialisées en thé
Oko-oko.com
Namsaa.fr

Boutique spécialisée en ustensiles et accessoires de cuisine japonais
Bento&co.com

PLATS DE VIANDE

一楽
一楽

RAMEN ICHIRAKU

Les ramen de chez Ichiraku sont une des spécialités les plus populaires du village de Konoha, et sans aucun doute le plat préféré de Naruto. Un bouillon tonkotsu miso savoureux, des nouilles, des tranches de chashu, un ajitsuke tamago, des menma, quelques morceaux d'algue nori, un peu d'oignon vert, et bien sûr des tranches de narutomaki : voilà un bol de ramen typique signé Ichiraku. C'est une recette longue à réaliser et certaines préparations devront être effectuées la veille. Ce n'est pas pour rien que Naruto considère ces ramen comme tout un art à maîtriser ! Mais accrochez-vous et persévérez, le résultat en vaudra la peine et vous vous retrouverez alors avec un bon bol de ramen maison, à vous imaginer attablés chez Ichiraku ! Vous comprendrez alors pourquoi ces ramen sont si populaires à Konoha.

QUANTITÉ

3 personnes

INGRÉDIENTS

3 portions de nouilles pour ramen

3 œufs

1 oignon vert

1,5 feuille d'algue nori

6 tranches de narutomaki
(voir la recette page 82)

Quelques glaçons

CHASHU

1 kg de poitrine de porc

15 cl de sauce soja

7,5 cl de saké

5 cl de mirin

3 cuil. à soupe de sucre

4 gousses d'ail

20 g de gingembre frais

1 oignon vert

BOUILLON TONKOTSU

1 kg d'os de porc

2 oignons verts

1 oignon jaune

6 gousses d'ail

20 g de gingembre frais

BOUILLON DASHI

1 morceau de kombu d'environ 10 cm de côté

1 poignée de copeaux de bonite séchée

2 champignons shiitakes séchés

TARE MISO

4 cuil. à soupe de miso rouge

1 cuil. à soupe de sauce soja

2 cuil. à soupe de mirin

1 cuil. à soupe de saké

1 cuil. à soupe d'huile de sésame

1 cuil. à café de sucre brun

MENMA

200 g de pousses de bambou en tranches

1 cuil. à café de poudre de bouillon de poule japonais

1 cuil. à café de sauce soja

2 cuil. à café de saké

1 cuil. à café de sucre

Huile de sésame

PRÉPARATION

- Commencez la veille par la préparation du bouillon tonkotsu et du bouillon dashi, vous aurez ensuite tout le loisir de vous occuper du reste de votre bol de ramen. Le bouillon tonkotsu prend en effet du temps à élaborer, mais la récompense n'en est que meilleure.
- Recouvrez les os d'eau dans une bassine, puis jetez l'eau une fois qu'elle est teintée par le sang. Cela vous facilitera la prochaine étape.

ASTUCE

L'idéal pour ce bouillon est d'utiliser des fémurs de porc. Toutefois, si vous n'en trouvez pas, les autres os de porc généralement vendus dans les boucheries et supermarchés conviennent également.

- Dans un faitout, déposez les os et recouvrez-les d'eau. Portez le tout à ébullition.
- Lorsque l'eau commence à bouillir, des impuretés se forment au fur et à mesure à la surface. Écumez continuellement le bouillon jusqu'à ce que plus aucun dépôt ne remonte. À partir de l'apparition des premières impuretés, cette étape peut prendre 5 à 10 minutes environ.
- Une fois que plus aucun dépôt n'apparaît, égouttez les os dans une passoire, en jetant l'eau devenue trouble. L'étape précédente sert à débarrasser les os des impuretés et à obtenir un bouillon plus clair.

- Malgré cela, les os ne sont pas encore tout à fait prêts pour le bouillon ; il faut continuer à les nettoyer. Tout en les rinçant à l'eau, enlevez les résidus de nerfs et de moelle. Vous pouvez garder sur les os ce qui reste de viande et de graisse.
- Déposez-les dans un faitout et versez 1,5 litre d'eau. Portez le tout à ébullition sur un feu moyen.
- Une fois l'ébullition atteinte vous pouvez y ajouter les oignons verts coupés en deux, l'oignon épluché et coupé en deux, ainsi que les gousses d'ail et le gingembre pelés.
- Couvrez le faitout et maintenez l'ébullition sur feu moyen pendant 12 heures. Le but n'est pas de faire mijoter à petit feu mais d'entretenir une ébullition à gros bouillons afin de décomposer les éléments des os qui conféreront son goût au bouillon. En faisant bouillir l'eau ainsi, son niveau baissera rapidement et vous devrez donc régulièrement en rajouter une quantité suffisante pour maintenir le même niveau.
- Profitez de cette longue cuisson pour préparer le dashi qui complétera le bouillon. Dans une casserole hors du feu, versez 50 cl d'eau, ajoutez-y le morceau de kombu et les champignons, puis laissez macérer pendant une nuit en même temps que le bouillon tonkotsu mijote sur le feu.

ASTUCE

Des paquets de champignons shiitakes séchés sont généralement vendus dans les supermarchés et les épiceries asiatiques. Je vous conseille toutefois de choisir des champignons qui présentent des craquelures sur leur chapeau car ils libèrent mieux leurs saveurs.

- Après avoir laissé le kombu et les champignons tremper, placez le tout sur feu doux. Juste avant que l'eau n'arrive à ébullition, retirez la casserole du feu.

- Enlevez le kombu et les champignons du bouillon et ajoutez les copeaux de bonite séchée. Remettez le tout sur feu doux jusqu'à ce que l'eau commence à bouillir. Vous pourrez alors retirer la casserole du feu et filtrer le bouillon afin de ne pas y laisser de bonite séchée.

Le dernier élément qui complétera le bouillon de vos ramen est le tare miso, comme dans les ramen si populaires de Ichiraku qui ont la particularité de tirer leurs saveurs d'un bouillon tonkotsu miso.

- Pour préparer le tare miso, mélangez dans une casserole le miso, la sauce soja, le mirin, le saké, l'huile de sésame et le sucre. Placez la casserole sur feu moyen et laissez chauffer sans cesser de remuer. Vous pouvez retirer la casserole du feu au bout de 5 minutes et mettre le tare miso de côté.

Pendant que le bouillon est sur le feu et maintenant que tous les éléments qui le composeront sont prêts, vous pouvez vous occuper des garnitures.

- Commencez par la préparation du porc chashu. Retirez la peau du morceau de poitrine en essayant de ne pas endommager le gras entre elle et la chair. Le but est de garder la pièce de chashu protégée par une couche de graisse. Retirez ensuite l'excès de chair ou de gras du dessus du morceau de poitrine afin d'obtenir une surface plane et régulière.
- Une fois la pièce de viande prête, roulez-la en la serrant et ficelez-la comme un rôti avec de la ficelle de cuisine afin d'éviter que les morceaux ne se défassent au découpage. La poitrine de porc ne doit pas être ficelée trop serrée pour ne pas endommager la couche de graisse qui l'enveloppe.
- Huilez le fond d'un faitout et faites-y revenir le porc roulé à feu moyen. Quelques secondes suffisent, le temps de faire légèrement dorer la surface sans que la couche de graisse ne commence à fondre. Aussitôt, versez dans le faitout 70 cl d'eau, la sauce soja, le saké, le mirin et le sucre. Il n'est pas obligé que la viande soit entièrement recouverte par ce mélange.
- Portez le tout à ébullition, puis ajoutez les gousses d'ail et le gingembre pelés ainsi que l'oignon vert coupé en deux. Réduisez la température du feu pour laisser le tout mijoter durant 2 heures. Pendant la cuisson, retournez régulièrement la viande, environ toutes les 30 minutes.
- Au bout de 2 heures, retirez le chashu du faitout et laissez-le refroidir, ainsi que le liquide de cuisson, à l'air libre. Une fois celui-ci refroidi, versez-en les trois quarts dans un récipient, ou de préférence dans un sac de congélation, puis déposez-y le chashu. La dernière étape consiste à laisser mariner la viande pendant une nuit au réfrigérateur. Elle sera alors prête à être découpée et à orner le bol de ramen.

Profitez maintenant d'avoir réalisé au passage une marinade qui se révèle aussi parfaite pour les œufs, les ajitsuke tamago.

- Dans une casserole, faites bouillir une quantité d'eau suffisante pour recouvrir les œufs. Une fois l'ébullition atteinte, ajustez la température du feu de manière à éviter de casser les coquilles. Déposez délicatement les œufs dans l'eau, un à un, en vous aidant par précaution d'une louche, par exemple.
- Laissez cuire les œufs durant 7 minutes, puis retirez-les et déposez-les immédiatement dans un bol d'eau additionnée de glaçons afin de stopper leur cuisson. Laissez-les refroidir dans l'eau glacée. Cela peut prendre 10 à 15 minutes.
- Une fois les œufs refroidis, vous pourrez alors tout doucement les écaler, puis les déposer un à un dans un sac de congélation avec le reste de la marinade. Déposez le tout au réfrigérateur toute une nuit, en même temps que le chashu.

Vous pouvez maintenant passer à la préparation des menma, les pousses de bambou qui accompagneront vos ramen. Cette garniture incontournable est la plus rapide à réaliser, vous pouvez donc prévoir sa préparation en dernier.

- Dans un récipient, mélangez 2,5 cl d'eau, la poudre de bouillon de poulet japonais, la sauce soja, le saké et le sucre.

一楽

- Huilez une poêle avec un filet d'huile de sésame. Faites-la chauffer sur feu moyen avant d'y ajouter les pousses de bambou. Faites sauter les pousses de bambou pendant 1 à 2 minutes sans les dorer.
- Versez sur les pousses de bambou le mélange précédent, puis remuez jusqu'à l'évaporation complète du liquide.

Les menma sont prêts, vous pouvez les mettre de côté et monter les ramen.

- Faites cuire les nouilles en suivant les indications sur l'emballage, puis réservez-les.
- Découpez le chashu en fines tranches. Si vous le pouvez, vous pouvez le faire d'abord dorer au chalumeau.
- Découpez les ajitsuke tamago en deux. Hachez l'oignon vert.
- Découpez les feuilles d'algue nori en 9 morceaux rectangulaires. Pour vous aider, vous pouvez les plier, puis suivre les marques de pliure.
- Filtrez le bouillon tonkotsu au bout des 12 heures de cuisson, remettez le bouillon débarrassé des os dans le faitout et ajoutez-y le bouillon dashi. Le temps de dresser les ramen, vous pouvez laisser le faitout sur feu moyen pour maintenir la chaleur réconfortante du bouillon.

Vous voilà enfin prêt.e à dresser vos ramen !

- Au fond de chaque grand bol, déposez 1 cuillerée à soupe de tare miso. Vous pourrez avoir à en rajouter 1 demi-cuillerée si le bouillon n'est pas assez salé à votre goût.
- Versez le bouillon tonkotsu dans le bol, puis mélangez afin de délayer le tare miso. Goûtez le bouillon obtenu et ajustez la quantité de bouillon et de tare miso selon vos préférences.
- Déposez 1 portion de nouilles dans le bouillon. Décorez avec 3 morceaux d'algue nori. Ajoutez les tranches de chashu. Le bol de ramen de chez Ichiraku contient souvent 6 à 7 tranches de viande.
- Déposez l'œuf coupé en deux, les pousses de bambou, les tranches de narutomaki et l'oignon vert.

Les ramen sont prêts, dégustez-les sans plus attendre pour profiter du bouillon chaud.

UN BARBECUE AVEC ASUMA

Avec le restaurant d'Ichiraku, celui de Yakiniku Q, le restaurant de barbecue, est un des endroits de Konoha où j'avais le plus envie de déjeuner. Les barbecues avec Choji, Shikamaru, leurs amis et bien sûr Asuma-sensei offrent à voir des moments si conviviaux et bien sûr appétissants ! Si vous voulez vous gaver de viande grillée trempée dans la sauce comme Choji, cette recette va combler vos attentes.

QUANTITÉ

2 personnes

INGRÉDIENTS

300 g de faux-filet de bœuf

1 gros oignon blanc

5 gros champignons shiitake

Feuilles de laitue à votre convenance

SAUCE YAKINIKU

3 cuil. à soupe de sauce soja

1 cuil. à soupe de mirin

1 cuil. à café de miel

1 cuil. à café d'huile de sésame

2 gousses d'ail

1 cuil. à café de graines de sésame blanc

PRÉPARATION

- Préparez la sauce yakiniku. Pelez et râpez finement les gousses d'ail. Dans une casserole, mélangez la sauce soja, le mirin, le miel, l'huile de sésame et l'ail à feu moyen. Une fois que le mélange commence à bouillir, réduisez le feu et laissez mijoter pendant 3 minutes.
- Retirez la casserole du feu et laissez reposer la sauce pendant 10 minutes.
- Une fois que la sauce yakiniku a refroidi, filtrez-la afin de retirer les résidus d'ail.
- Dans une poêle à feu moyen-vif, faites griller les graines de sésame à sec le temps qu'elles prennent une couleur dorée. Déposez les graines dans la sauce.
- Disposez dans un plat des feuilles de laitue, puis placez-y la viande finement découpée dans le sens parallèle aux fibres du muscle. Détaillez des rondelles d'oignon et disposez-les sur un autre plat, avec les champignons préalablement lavés.

Vous pouvez maintenant profiter d'un barbecue, faire griller votre viande et la tremper dans une sauce comme au restaurant de grillade Yakiniku Q. Petite astuce bonus : enroulez votre viande dans une feuille de laitue, cela rajoute de la fraîcheur et un peu de croquant à votre expérience de dégustation !

LE CURRY DE LA VIE

Rock Lee est un ninja qui se démarque beaucoup des autres, à commencer par le fait qu'il ne peut pas utiliser le ninjutsu. Mais il compense cela par sa détermination, sa force et son endurance, ce qui se remarque aussi d'ailleurs dans sa résistance face aux aliments épicés. Il est en effet une des rares personnes à pouvoir supporter et apprécier le « curry de la vie », ce plat tellement épicé qu'il aurait le pouvoir de remettre sur pied les personnes les plus mal en point. Si vous vous sentez prêt.e à subir cette épreuve, en voici la recette.

QUANTITÉ

3 personnes

INGRÉDIENTS

2 cuisses de poulet

1 gros oignon

1 carotte

2 pommes de terre moyennes

1 piment rouge

1 cuil. à soupe d'ail râpé

1 cuil. à soupe de gingembre râpé

2 cuil. à café de curcuma

110 g de roux de curry japonais fort

1 étoile d'anis

2 carrés de chocolat noir

Huile de tournesol

Sel et poivre

PRÉPARATION

- Désossez préalablement les cuisses de poulet, puis découpez-les en morceaux. Pelez et découpez finement l'oignon, la carotte en tranches épaisses ainsi que les pommes de terre en cubes. Découpez également le piment rouge et râpez l'ail ainsi que le gingembre.
- Dans une marmite, versez un filet d'huile, puis faites-la chauffer à feu moyen. Ajoutez-y l'ail, le gingembre ainsi que le piment. Une fois qu'ils commencent à prendre de la couleur, intégrez les oignons.
- Remuez jusqu'à ce que les oignons deviennent translucides, puis ajoutez la carotte ainsi que les pommes de terre.
- Recouvrez le tout d'eau et portez à ébullition avant de baisser le feu pour laisser la préparation mijoter à couvert.
- Versez un filet d'huile dans une poêle et placez-la sur un feu moyen. Une fois l'huile bien chaude, faites-y revenir les morceaux de poulet jusqu'à ce qu'ils prennent une couleur dorée.
- Ajoutez le poulet dans la marmite avec l'étoile d'anis et le curcuma. Laissez mijoter pendant 30 minutes.
- Intégrez ensuite le roux de curry coupé en carrés, le chocolat noir et 1 demi-cuillerée à café de poivre noir moulu. Mélangez le tout pour les incorporer à la préparation, puis augmentez à feu moyen.
- Laissez mijoter pendant 5 à 10 minutes le temps que le curry s'épaississe.

Le curry est prêt, accompagnez-le d'une bonne portion de riz japonais et accrochez-vous bien pour la dégustation !

Les brioches du plus grand mangeur (Naruto vs Choji)

Dans l'épisode 309 de *Naruto Shippuden*, au cours d'une mission, Naruto et Choji se livrent à une bataille du plus gros mangeur et se retrouvent ainsi à devoir dévorer le plus vite possible une pile de petites brioches. C'est assez frustrant de les voir se régaler sans pouvoir vraiment en profiter à cause de la pression du concours, alors prenons notre temps pour reproduire ces brioches qui ont l'air si appétissantes !

Quantité

24 petites brioches

Ingrédients

Pâte

275 g de farine

1 cuil. à soupe de sucre en poudre

1 cuil. à café de levure boulangère

Farce

250 g de viande de bœuf hachée

1 cuil. à soupe d'ail râpé

1 cuil. à café de gingembre frais râpé

4 cuil. à soupe d'oignon vert haché

½ cuil. à café de poivre noir moulu

2 cuil. à soupe de sauce soja

1 cuil. à soupe d'alcool de riz de Shaoxing

1 cuil. à soupe d'huile

1/2 cuillère à café de sel

Préparation

- Commencez par mélanger 15 cl d'eau, le sucre et la levure boulangère. Versez ce mélange sur la farine dans un cul-de-poule en l'incorporant au fur et à mesure.
- Pétrissez la pâte obtenue à la main pendant encore 8 minutes.
- Formez une boule avec la pâte, puis filmez-la dans le cul-de-poule afin d'éviter qu'elle ne soit exposée à l'air. Laissez la pâte reposer pendant 1 h 30 à température ambiante.
- Pendant que la pâte repose, préparez la farce. Râpez l'équivalent d'1 cuillerée à soupe d'ail et d'1 cuillerée à café de gingembre. Hachez finement l'oignon vert.
- Mélangez la viande de bœuf, l'ail, le gingembre, l'oignon vert, le sel, le poivre, la sauce soja, l'alcool de riz et l'huile. La farce est prête à l'emploi.
- Une fois la pâte levée, pétrissez-la légèrement afin de la dégazer et de la rendre plus souple. Séparez-la ensuite en petites boules de la taille d'une noix.
- Aplatissez la pâte de manière à former des disques d'une épaisseur d'environ 1 cm. Déposez environ 1 cuillerée à soupe de farce au centre de chaque disque de pâte.
- Refermez les brioches en recouvrant la farce à l'aide des bords que vous ramenez petit à petit au centre en les pinçant dans un mouvement circulaire. Vu de haut, la forme d'une brioche devrait vous évoquer une spirale.
- Recouvrez un panier-vapeur de papier sulfurisé et déposez-y les brioches. Faites-les cuire à la vapeur pendant 12 minutes.

Une fois les brioches prêtes, vous pouvez les présenter empilées et vous lancer dans une bataille du plus gros mangeur ou rester raisonnable et les déguster à votre rythme !

TSUKEMEN

Je me souviens de cet épisode particulier où pour une fois Naruto est déçu au restaurant de ramen d'Ichiraku. Ce jour-là, Ichiraku et sa nièce Ayame ont retiré les ramen de la carte et ne servent plus que des tsukemen… le drame ! La plus grosse différence entre ces deux plats de nouilles servies avec du bouillon réside dans le fait que, pour les tsukemen, le bouillon est présenté à part. Naruto, dans un élan de malice, trouve alors la solution : mélanger tous les ingrédients présentés séparément pour en faire simplement un bol de ramen, au grand dam d'Ayame. Voici donc une recette pour ceux et celles qui n'ont rien contre les tsukemen, contrairement à Naruto.

QUANTITÉ

3 personnes

INGRÉDIENTS

3 portions de nouilles pour ramen

Bouillon tonkotsu
(voir recette page 17)

12 tranches de chashu
(voir recette page 17)

200 g de menma
(voir recette page 17)

3 tranches de narutomaki
(voir recette page 82)

TARE MISO

8 cuil. à soupe de miso rouge

2 cuil. à soupe de sauce soja

4 cuil. à soupe de mirin

2 cuil. à soupe de saké

2 cuil. à soupe d'huile de sésame

2 cuil. à café de sucre brun

PRÉPARATION

- Commencez par préparer le bouillon tonkotsu composé d'un bouillon d'os de porc et d'un bouillon dashi.
- Préparez les nouilles en suivant les indications de cuisson sur l'emballage. La manière de présenter et mélanger les nouilles est ce qui distingue principalement les ramen des tsukemen. Dans le cas des tsukemen, les nouilles sont servies séparément du bouillon qui sert plutôt à les y tremper. Pour éviter que les nouilles ne s'agglutinent, égouttez-les à l'aide d'une passoire après leur cuisson et rincez-les à l'eau courante, vous enlèverez ainsi l'excès d'amidon.
- Vous pouvez ensuite vous occuper du tare miso. Comme le bouillon sert surtout à tremper les nouilles, préparez plus de tare miso pour accentuer le goût. Dans une casserole, mélangez le miso, la sauce soja, le mirin, le saké, l'huile de sésame et le sucre. Placez la casserole sur feu moyen et faites chauffer en remuant. Retirez la casserole du feu au bout de 5 minutes et réservez le tare miso.
- Passez au dressage des tsukemen. Dans des bols, répartissez les portions de nouilles égouttées. Garnissez chaque bol de 4 tranches de chashu, de menma et d'1 tranche de narutomaki. Dans un bol à part, déposez 1,5 à 2 cuillerées à soupe de tare miso. Ajoutez-y le bouillon, puis mélangez afin de délayer le tare miso. Goûtez et ajustez le bouillon en ajoutant plus de tare miso selon votre convenance.

Les tsukemen sont prêts, vous pouvez les déguster dans les règles de l'art, en trempant avant chaque bouchée les nouilles dans le bouillon, ou rejoindre Naruto et considérer cela comme un affront en versant le bouillon sur vos nouilles. Après tout, je ne suis pas Ayame pour vous en empêcher.

CANARD RÔTI À LA ITACHI

Parmi les plats préparés par Itachi pour Sasuke lorsqu'ils étaient enfants, le canard entier rôti est le plus impressionnant. Itachi était connu pour être un enfant prodige, et il semble qu'il n'excellait pas seulement dans les techniques de ninjas.

QUANTITÉ

4 personnes

INGRÉDIENTS

1 canard entier et vidé d'environ 1,5 kg

1 cuil. à soupe de mélange cinq-épices

1 cuil. à soupe de poivre noir moulu

1,5 cuil. à soupe de sel

1 oignon vert

30 g de gingembre frais

5 gousses d'ail

2 cuil. à soupe de miel

1 cuil. à soupe de sauce soja

1 cuil. à soupe d'huile de sésame

Maïzena®

1 litre d'huile de tournesol

PRÉPARATION

- Rincez le canard et séchez-le bien pour enlever l'excès d'humidité.
- Mélangez dans une coupelle le cinq-épices, le poivre noir et le sel. Enrobez le canard de ce mélange en le frottant sur toute la surface de sa peau ainsi qu'à l'intérieur.
- Épluchez les gousses d'ail et le gingembre, découpez-les en morceaux grossiers ainsi que l'oignon vert et introduisez le tout à l'intérieur du canard. Laissez mariner pendant 4 heures à température ambiante.
- Une fois que le canard s'est bien imprégné des saveurs, faites-le cuire à la vapeur dans un panier-vapeur sans retirer la garniture d'aromatiques ni la marinade pendant 1 heure à 1 h 30 en fonction de la taille du canard. Pour vous faire une idée, un canard de 2 kg devrait par exemple cuire pendant 1 h 30.
- Pendant la cuisson du canard, mélangez le miel, la sauce soja et l'huile de sésame dans un bol et réservez.
- Une fois le canard cuit, laissez-le refroidir à l'air libre avant de le saupoudrer de Maïzena®. Ne mettez pas trop de fécule, elle sert seulement à rendre la viande plus croustillante sans réellement jouer le rôle d'une panure, elle ne doit donc pas former une pâte épaisse sur la peau du canard.

- Dans un wok, faites chauffer l'huile de cuisson jusqu'à ce qu'elle atteigne environ 160 °C sans dépasser 180 °C. Plongez le canard dans l'huile chaude et servez-vous d'une louche pour l'arroser d'huile et garantir une cuisson uniforme. Le canard est prêt quand sa peau est bien dorée.
- Badigeonnez enfin le canard de la sauce à l'aide d'un pinceau.

Vous pouvez servir le canard dans un plat sur des feuilles de salade. Je conçois que ce n'est pas une recette des plus évidentes à réaliser, surtout pour un enfant, alors peut-être que s'il n'avait pas rejoint l'Akatsuki, Itachi se serait destiné à une belle carrière de cuisinier.

PLATS VÉGÉTARIENS

PAIN DU VILLAGE D'AME

Pain est le chef du village d'Ame, réputé pour sa pluie continuelle. Mais le village est aussi connu pour sa spécialité culinaire : les pains briochés à la vapeur, d'ailleurs très appréciés par Jiraya ! Je vous propose une version de cette spécialité d'Ame, en hommage à son chef emblématique et ancien élève de l'Ermite pas net.

QUANTITÉ

12 brioches

INGRÉDIENTS

PÂTE

100 g de patate douce violette
250 g de farine
15 cl de lait
1 cuil. à café de sucre en poudre
1 cuil. à café de levure boulangère

Farce

200 g de choux pak choi
10 champignons shiitake fins
1 cuil. à café d'ail râpé
1 cuil. à café de gingembre frais râpé
1 cuil. à soupe de sauce huître végétarienne
1 cuil. à café de sauce soja
¼ de cuil. à café de poivre noir moulu
1 cuil. à soupe d'huile de sésame

PRÉPARATION

Pour la pâte, épluchez la patate douce, puis découpez-la en morceaux avant de les faire cuire à la vapeur pendant 20 minutes. Les morceaux de patate douce doivent être bien cuits pour être ensuite réduits en purée très fine à l'aide d'un mixeur.

- Dans un récipient, mélangez le lait, le sucre et la levure boulangère. Versez ce mélange sur la farine dans un cul-de-poule en l'incorporant au fur et à mesure.
- Ajoutez ensuite la purée de patate douce, puis mélangez avant de pétrir la pâte obtenue à la main pendant encore 8 minutes.
- Formez une boule avec la pâte, déposez-la dans un cul-de-poule, puis filmez-la afin d'éviter qu'elle ne soit exposée à l'air. Laissez reposer la pâte pendant 1 h 30 à température ambiante.

Pendant que la pâte repose, préparez la farce.

- Hachez finement les choux pak choi et découpez les shiitake en petits morceaux.
- Huilez un wok avec l'huile de sésame, puis faites-la chauffer sur feu vif. Faites-y revenir l'ail et le gingembre râpés, remuez, puis ajoutez les choux pak choi, les shiitake, la sauce huître végétarienne, la sauce soja et le poivre. Faites revenir le tout quelques minutes à feu vif jusqu'à ce que les choux commencent à ramollir. Ils doivent être encore croquants à la fin de la cuisson.
- Goûtez la farce et rectifiez l'assaisonnement si besoin.
- Une fois la pâte levée, pétrissez-la afin de la dégazer et de la rendre plus souple. Séparez-la ensuite en boules d'environ 7 cm de diamètre.

油

- Aplatissez les boules en disques d'une épaisseur d'environ 1 cm. Placez la garniture au centre de chacun, puis refermez les disques de pâte en recouvrant la farce à l'aide des bords que vous ramenez au centre en les pinçant. Une fois les bords soudés, reformez une boule de pâte.
- Placez les pains dans un panier-vapeur et laissez-les cuire pendant 12 minutes. Les pains du village d'Ame sont prêts !

UMEBOSHI OMUSUBI

L'omusubi, aussi connu sous le nom d'onigiri, semble être un plat très apprécié par Sasuke. Ce dernier les aime parce qu'ils sont particulièrement bons pour la santé et on peut d'ailleurs le voir en consommer durant ses entraînements. En leur cœur, ils renferment un étonnant aliment rouge, appelé umeboshi, une prune japonaise fermentée et réputée pour ses vertus médicinales.

QUANTITÉ

3 omusubi

INGRÉDIENTS

100 g de riz rond japonais

6 umeboshi

1 feuille d'algue nori

PRÉPARATION

- L'omusubi se présente comme une boulette de riz garnie. Pour préparer le riz japonais, versez-le dans un récipient et rincez-le à l'eau en effectuant des mouvements circulaires. Répétez cette opération trois fois.
- Recouvrez le riz d'eau et laissez-le tremper pendant une demi-heure.
- Versez-le ensuite dans une passoire et laissez-le reposer pendant 30 minutes.
- Déposez le riz dans une casserole et versez 15 cl d'eau. Portez à ébullition sur feu vif, à découvert. Une fois que l'eau commence à bouillir, couvrez la casserole avec son couvercle, baissez sur feu doux, et laissez mijoter pendant 1 heure.

- Une fois la cuisson terminée, coupez le feu sans retirer le couvercle et laissez reposer environ 15 minutes. Cela permettra de refroidir un peu le riz afin de mieux le manipuler par la suite.
- Retirez le couvercle et remuez le riz délicatement à l'aide d'une spatule.
- Pour la farce, dénoyautez les umeboshi et écrasez-les à l'aide d'une fourchette. Le résultat final ne doit pas forcément être homogène, vous pouvez donc laisser quelques morceaux entiers pour plus de consistance en bouche.
- Trempez vos mains dans de l'eau pour que le riz ne colle pas, saupoudrez-les légèrement de sel et prélevez une petite poignée de riz. Donnez-lui une forme triangulaire en le pressant délicatement.
- Creusez un trou au milieu du riz et déposez-y un peu d'umeboshi écrasée. Recouvrez ensuite de riz, puis reformez un triangle.
- Découpez la feuille de nori en quatre dans sa largeur. Collez ensuite l'extrémité de chaque bande au centre des omusubi, puis entourez d'algue chaque boulette de riz. Cela permettra une meilleure prise en main des omusubi, pratique pour les emporter en mission ou aux entraînements ! D'autant que l'umeboshi est connue pour ses vertus fortifiantes.

Choji chips

S'il y a à Konoha un ninja bien connu pour sa gourmandise, c'est sans aucun doute Choji Akimichi. Celui-ci est réputé pour son grand appétit, on le voit d'ailleurs très souvent dévorer des paquets de chips, enfin, quand il n'est pas en train de se régaler avec un barbecue. Pour ne pas être en reste, voici donc une recette de chips maison saveur barbecue.

QUANTITÉ

400 g de chips

INGRÉDIENTS

300 g de pommes de terre

1 cuil. à café de poudre de paprika fumé

1 cuil. à café de poudre d'ail

½ cuil. à café de poudre de shichimi togarashi

1 cuil. à café de poivre noir moulu

½ feuille d'algue nori ou 2 cuil. à soupe d'aonori

1 cuil. à café de sel

1,5 cuil. à café de sucre cassonade

Huile de tournesol pour la friture

PRÉPARATION

- Commencez par éplucher, puis trancher les pommes de terre en lamelles les plus fines possible.

ASTUCE

Pour obtenir des tranches ultra-fines, n'hésitez pas à utiliser un économe ou une mandoline.

- Déposez les tranches de pomme de terre dans un récipient et recouvrez-les d'eau pendant 5 minutes. Remuez les pommes de terre jusqu'à ce que l'eau devienne trouble, puis égouttez-les dans une passoire. Cette opération permettra de retirer l'excès d'amidon contenu dans les pommes de terre.
- Déposez les tranches de pomme de terre sur un torchon et épongez-les pour enlever l'humidité. Le résultat n'en sera que plus croustillant.
- Une fois les pommes de terre bien sèches, plongez-les dans l'huile de friture chaude jusqu'à ce qu'elles deviennent dorées.
- Lorsque les chips sont cuites, déposez-les dans une passoire chemisée de papier absorbant.
- Mixez le mélange d'épices, de sucre et de sel afin d'avoir une poudre plus légère. Mixez également l'algue nori à part pour en faire des flocons.
- Placez les chips dans un saladier et saupoudrez-les du mélange d'épices et d'aonori, ou d'algue nori mixée en poudre. Mélangez-les afin que toutes les chips soient bien assaisonnées.

À présent, vous pouvez, comme Choji, vous régaler de chips à longueur de journée !

TORNADO POTATO DE KONOHA

Ces brochettes assaisonnées de wasabi : une tornade verte et percutante qui devrait vous rappeler une certaine attaque. Un hommage à Rock Lee, vous dites ?

QUANTITÉ

4 brochettes

INGRÉDIENTS

4 pommes de terre assez grosses

30 g de farine

2 cuil. à café de sel

2 cuil. à soupe + 1 cuil. à café de poudre de wasabi

4 cuil. à soupe d'ail en poudre

5 cuil. à soupe d'aonori

Huile de tournesol

PRÉPARATION

- Nettoyez soigneusement les pommes de terre, car vous devrez garder leur peau. Embrochez ensuite chacune sur une pique à brochette.
- Découpez les pommes de terre le plus finement possible en effectuant un mouvement circulaire, du haut vers le bas tout autour des piques à brochettes.
- Vous devez à présent être capable d'étirer chaque pomme de terre embrochée de manière à faire former une spirale. Effectuez cette étape doucement afin de ne pas casser la pomme de terre.
- Dans un saladier, mélangez la farine, 10 cl d'eau, 1 cuillerée à café de sel et 1 cuillerée à café de wasabi jusqu'à l'obtention d'une pâte homogène.
- À l'aide d'une cuillère, versez la pâte sur les brochettes pour bien les enrober.
- Plongez aussitôt les brochettes dans un bain d'huile chauffée à feu moyen. Le niveau de l'huile doit au moins atteindre la moitié inférieure des brochettes. Retournez les brochettes régulièrement afin d'obtenir une cuisson uniforme. Une fois que les pommes de terre sont bien dorées, retirez-les de l'huile et déposez-les sur un papier absorbant.
- Dans une coupelle, mélangez 1 cuillerée à café de sel, l'ail en poudre, 2 cuillerées à soupe de wasabi et l'aonori.
- Saupoudrez les brochettes de pomme de terre encore chaudes avec cet assaisonnement.

JABARA KYURI SALADE

Orochimaru est un personnage emblématique de *Naruto Shippuden*, présent, tapi dans l'ombre, tout au long de son intrigue. En hommage au maître des serpents, voici un plat idéal pour accompagner vos repas ou faire sensation à l'apéritif. Le jabara kyuri, ou concombre jabara, est en effet une salade de concombre un peu particulière qui se distingue par la technique utilisée pour les découper. Le mot « jabara » évoque le ventre d'un serpent, en référence à la forme obtenue avec les concombres, qui peuvent alors se tortiller dans votre assiette. Accompagnez le tout d'une sauce goma dare à base de sésame et vous vous retrouverez avec un plat célébrant les formes et les couleurs de ce personnage à l'apparence de reptile.

PRÉPARATION

- Découpez les concombres de manière à leur donner cette forme particulière de serpentin. Pour ce faire, aidez-vous de deux baguettes que vous placerez de part et d'autre d'un concombre pour le maintenir en place, puis découpez-le finement en inclinant très légèrement le couteau. Retournez ensuite le concombre et découpez le tout aussi finement, mais cette fois-ci dans le sens d'un angle droit.
- Dans un bol, saupoudrez les concombres de sel et laissez-les dégorger pendant 15 minutes. Cela permettra de les rendre plus croquants.
- Rincez ensuite les concombres à l'eau courante pour retirer les résidus de sel et épongez-les à l'aide de papier absorbant. Réservez-les.
- Dans un bol, recouvrez les algues wakame d'eau froide pendant 5 minutes pour les réhydrater. Égouttez-les et réservez.
- Découpez le radis en tranches aussi fines que possible.
- Préparez la sauce goma dare. Réalisez au préalable du tahini, une crème à base de sésame, en faisant revenir les graines de sésame blanc dans une poêle à feu moyen pendant 5 minutes. Il n'est pas nécessaire d'ajouter de la matière grasse. Broyez ensuite les graines de sésame à l'aide d'un robot afin d'en faire une poudre fine, puis intégrez, cuillère après cuillère, l'huile de tournesol en broyant la pâte obtenue entre chaque ajout. Enfin, ajoutez le sel. Vous devez avoir une pâte lisse, liquide et épaisse.

QUANTITÉ

1 personne

INGRÉDIENTS

3 mini-concombres

1 cuil. à café de sel

2 g d'algues wakame séchées

1 radis bleu

Graines de sésame noir et blanc

SAUCE GOMA DARE

50 g de graines de sésame blanc

3 cuil.à soupe d'huile de tournesol

½ cuil. à café de sel

1,5 cuil. à café de miel

½ cuil.à soupe de sauce soja

3 cuil. à soupe de vinaigre de riz non assaisonné

- Dans un bol, mélangez le tahini, le vinaigre de riz, le miel, la sauce soja, ainsi que 3 cl d'eau. Réservez la sauce goma dare.
- Dans une assiette, déposez les concombres jabara de manière à donner l'impression de serpents se tortillant. Déposez çà et là de l'algue wakame réhydratée ainsi que les tranches de radis. Parsemez le tout de graines de sésame noir et blanc, puis versez enfin la sauce tout autour et servez le reste à part.

Les serpents impressionnent toujours par leur apparence, ce qui fait d'Orochimaru un personnage marquant de *Naruto Shippuden*. Ce plat qui rappelle un nid de serpents fera sans doute son petit effet !

PLATS DE POISSON

INARIZUSHI

Les inarizushi, ces poches de tofu frit garnies de riz, constituent le plat préféré de Madara Uchiha. Voici donc une recette d'inarizushi surmontés de thon et d'algue nori, rappelant les couleurs des fameuses pupilles du clan Uchiha.

QUANTITÉ

8 inarizushi

INGRÉDIENTS

300 g de riz japonais cuit
(à peu près 100 g cru, voir recette de l'umeboshi omusubi page 54)

8 poches de tofu frit (inariage)

150 g de thon rouge cru

1 feuille d'algue nori

PRÉPARATION

- Commencez par préparer le thon rouge. Déposez-le sur une planche à découper, puis taillez-le en cubes le plus petit possible.
- Épongez les poches de tofu pour retirer l'excès d'huile.
- Hachez la feuille d'algue nori de manière à en faire des confettis d'environ 1,5 cm de long.
- Ouvrez les poches de tofu frit, puis remplissez-les de riz, aux trois quarts. Procédez petit à petit, par touche de riz, et délicatement pour éviter de déchirer les poches de tofu.
- Déposez délicatement sur le riz 1 cuillerée à soupe de thon rouge de manière à en recouvrir la surface.
- Saupoudrez par-dessus un peu de confettis d'algue nori.

Les inarizushi sont prêts. La couleur du thon rouge et l'algue nori au centre devraient vous rappeler les pupilles d'un certain clan dont Madara fait partie…

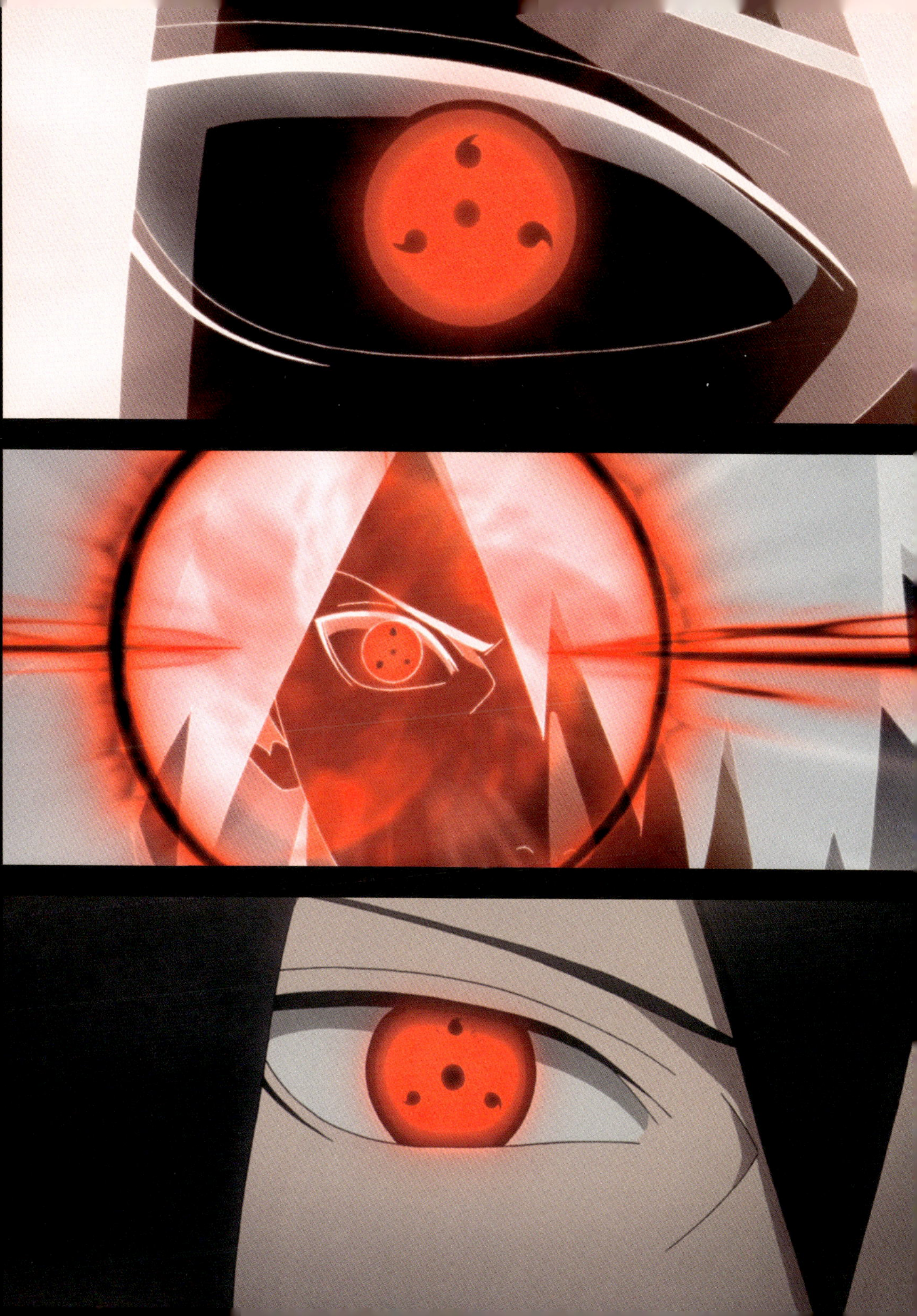

CHAHAN D'ITACHI

Lorsque Itachi était enfant, on pouvait le voir s'occuper de son petit frère Sasuke. En tant que grand frère responsable, Itachi lui préparait même parfois des repas entiers et, dans un épisode, il lui est arrivé de lui cuisiner un festin composé de plusieurs plats, dont du chahan, du riz frit japonais. Si vous avez un petit frère ou une petite sœur, n'hésitez pas à le lui préparer comme le jeune Itachi !

QUANTITÉ

2 personnes

INGRÉDIENTS

300 g de riz blanc cuit de la veille

4 gousses d'ail

15 g de gingembre frais

1 oignon vert

1 œuf

½ cuil. à café de MSG (glutamate monosodique – optionnel)

1 cuil. à soupe de saké

1 cuil. à soupe de sauce soja

125 g de chair de crabe

Huile de tournesol

Sel

PRÉPARATION

ASTUCE

Le riz frit est une recette très commune qu'on réalise généralement avec les restes de riz de la veille. Le riz qui a reposé une nuit au réfrigérateur est en effet parfait pour garder la meilleure texture possible sans que les grains ne s'agglutinent. Ce phénomène est dû au fait que le riz a eu le temps de sécher avant d'être revenu dans la matière grasse.

- Pelez et râpez l'ail et le gingembre, puis ciselez l'oignon vert. Battez l'œuf avec 1 pincée de sel et réservez.
- Versez 2 cuillerées à soupe d'huile dans un wok ou une poêle et faites-la chauffer à feu vif. Une fois que l'huile est chaude, ajoutez l'ail et le gingembre râpés, ainsi que la partie blanche hachée de l'oignon vert.
- Lorsque le contenu du wok commence à prendre une couleur dorée, versez-y l'œuf battu. Dès que des bulles apparaissent sur les bords de l'œuf, remuez sans interruption jusqu'à ce que l'œuf soit partiellement cuit tout en laissant encore une partie liquide.
- À ce moment-là, ajoutez le riz, puis remuez délicatement à l'aide d'une spatule. En effectuant des tapotements sur le riz, égrainez-le tout en coupant l'œuf en morceaux, le but étant de ne pas laisser des tas de riz compacts.

朱

- Une fois les grains de riz séparés, saupoudrez-le éventuellement de MSG et versez le saké. Remuez et faites sauter le riz pendant 10 secondes, puis ajoutez la sauce soja avant de remuer à nouveau.

ASTUCE

Le MSG est très commun dans les plats de riz frits, car il ajoute de l'umami, cette saveur si prisée dans la cuisine japonaise.

- Intégrez la chair de crabe, puis continuez à faire sauter le riz pendant encore 2 minutes. Ne remuez pas trop pour ne pas abîmer la chair de crabe et que le riz puisse frire et bien dorer.
- Retirez le riz du feu, puis parsemez-le du reste d'oignon vert ciselé. Vous pouvez le dresser à l'aide d'un bol profond : remplissez le bol de riz en tassant bien jusqu'à ras bord. Recouvrez le bol d'une assiette, puis retournez le tout rapidement.

Avant de passer à table, démoulez le chahan en soulevant le bol.

YAKISOBA À L'ENCRE DE SAI

Sai est le dernier arrivé dans l'équipe Kakashi. Il est réputé pour ses talents artistiques hors pair, qu'il exprime également sur le champ de bataille avec ses monstres d'encre qui sortent tout droit de ses toiles. Il est aussi connu pour son tempérament froid et inébranlable, alors rien de mieux pour le représenter qu'un plat de yakisoba à l'encre noire rappelant ses courbes tracées au pinceau sur une assiette blanche, à défaut d'une toile immaculée.

PRÉPARATION

- Dans un récipient, mélangez les sauces, l'encre de seiche et le sucre jusqu'à la dissolution de ce dernier, puis mettez le mélange de côté.
- Sur un feu moyen à fort, faites chauffer le wok ou la poêle avec un filet d'huile.
- Déposez-y les nouilles yakisoba tout en les démêlant à l'aide de vos doigts. Faites revenir les nouilles dans le wok pendant 2 minutes.
- Ajoutez-y la sauce et mélangez le tout pendant 1 minute.
- Les yakisoba sont prêts, il ne reste plus qu'à les servir sur une assiette, les parsemer d'aonori ou d'algue nori finement hachée en poudre, d'un peu d'oignon vert et, enfin, de copeaux de bonite séchée au centre du plat. Avec la chaleur, ils vont sûrement se mettre à bouger, mais aucun risque qu'ils s'animent comme les peintures de Sai !

QUANTITÉ

1 personne

INGRÉDIENTS

1 portion de nouilles yakisoba

1 cuil. à café de sucre en poudre

1 cuil. à soupe de sauce huître

1 cuil. à soupe de sauce soja

2 cuil. à soupe de sauce Worcestershire

1 cuil. à café de sauce soja épaisse (« dark »)

½ cuil. à café d'encre de seiche

1 cuil. à café d'aonori

1 cuil. à café d'oignon vert haché

2 cuil. à soupe de copeaux de bonite séchée

Huile neutre (tournesol, canola...)

LE NARUTOMAKI

Naruto tient son prénom du personnage principal d'un livre écrit par Jiraya. Il se trouve que Jiraya eut lui-même l'idée de ce prénom alors qu'il était en train de manger des ramen. Et ce n'est pas un hasard, car l'une des garnitures pour ramen les plus populaires n'est autre que le narutomaki ! Cette variété de gâteau de poisson, connu sous le nom générique de *kamaboko* au Japon, est caractérisée par sa forme de fleur et, en son centre, une spirale, *uzumaki* en japonais… difficile de mieux évoquer Naruto que ce plat !

QUANTITÉ

2 rouleaux de narutomaki

INGRÉDIENTS

600 g de poisson à chair blanche (cabillaud)

20 g de farine

2 cl de mirin

1 blanc d'œuf

1 cuil. à café de sel

Colorant alimentaire rouge

PRÉPARATION

- Découpez le poisson en morceaux et plongez-les dans de l'eau glacée additionnée de glaçons. Laissez-les y reposer pendant 2 minutes.
- Essorez les morceaux de poisson à l'aide d'une serviette.

ASTUCE

Cette étape est très importante, n'hésitez pas à finir l'essorage en utilisant du papier absorbant.

- Dans un mixeur, réunissez le poisson, la farine, le mirin, le blanc d'œuf et le sel. Mixez jusqu'à l'obtention d'une pâte à la consistance homogène.
- Colorez un tiers de la pâte obtenue avec du colorant alimentaire rouge. Une petite quantité suffit pour rendre la pâte rose clair.

- Sur un makisu, une natte de bambou servant à rouler les makis, placez un film alimentaire et étalez dessus la moitié de la pâte blanche. Dans l'idéal, l'épaisseur ne devrait pas dépasser 0,3 cm.
- Étalez par-dessus la couche la plus fine possible de pâte rose. N'hésitez pas à utiliser vos doigts afin de lisser et étaler la pâte.
- Roulez le tout à l'aide du makisu ou, à défaut, d'un tapis de cuisson, de sorte que le film alimentaire enveloppe le narutomaki. Lissez la jointure du boudin obtenu afin que le narutomaki ne se défasse pas.
- Refermez l'enveloppe de film alimentaire aux extrémités en les nouant.

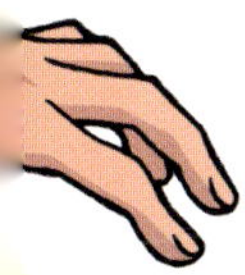

- Faites de même avec l'autre moitié de pâte blanche pour réaliser un deuxième rouleau.
- Placez ensuite les boudins dans un panier-vapeur et faites-les cuire 30 minutes à la vapeur.

ASTUCE

Si vous disposez d'un makisu en bambou, vous pouvez y laisser le boudin enroulé tout en maintenant le tout à l'aide de deux élastiques. En laissant le boudin ainsi pendant la cuisson, vous pourrez obtenir cette forme dentelée propre au narutomaki.

- Une fois cuits, plongez les boudins encore enveloppés dans de l'eau glacée pendant quelques minutes afin de les refroidir.
- Vous pouvez enfin déballer le tout et découper votre narutomaki en fines tranches, afin de le déguster servi avec des ramen ou encore en garniture pour soupe et bento.

ASTUCE

Si vous ne comptez pas consommer vos rouleaux de narutomaki le jour même, après la cuisson, vous pouvez les laisser enroulés dans le film alimentaire et les conserver au réfrigérateur jusqu'à 3 jours.

SENSEI NO TENDON

油

Jiraya, qui fut le mentor de nombreux ninjas, porte curieusement sur son front un bandeau ne représentant pas le symbole du village de Konoha, mais le kanji 油 pour *abura*, qui signifie « huile ». Cela nous fait ainsi penser à son affiliation au mont Myôboku et aux crapauds qui y vivent. L'huile est aussi un élément que l'ermite utilise à son avantage pour renforcer ses techniques katon de maîtrise du feu. Quel plat, mieux qu'un tendon, ou donburi de tempura, pourrait mieux lui rendre hommage ?

QUANTITÉ

1 personne

INGRÉDIENTS

1 bol de riz japonais cuit (voir recette de l'umeboshi omusubi, page 54)

2 grosses crevettes

3 tranches d'aubergine

2 tranches de patate douce

1 rondelle de racine de lotus

2 feuilles de shiso

1 feuille d'algue nori

Farine

1 cuil. à soupe d'œufs de saumon

Huile de tournesol pour la friture

PÂTE À TEMPURA

50 g de farine

1 œuf froid

1 pincée de sel

PRÉPARATION

- Décortiquez les crevettes en laissant la carapace au niveau de la queue pour pouvoir faciliter leur prise en main.
- Épluchez et découpez les légumes en tranches fines. Épongez-les bien afin de retirer l'excès d'humidité.
- Roulez les crevettes ainsi que les légumes dans un peu de farine tamisée.
- Préparez un bain de friture. Préparez la pâte à tempura en mélangeant bien dans un récipient 10 cl d'eau glacée et l'œuf.

ASTUCE

Afin d'obtenir la pâte la plus légère et croustillante possible, tous les ingrédients devront être froids. Ainsi, placez quelque temps avant le début de la préparation l'eau dans le congélateur et l'œuf dans le réfrigérateur.

- Incorporez le mélange d'eau et d'œuf progressivement dans la farine préalablement tamisée et salée, de préférence avec des baguettes. Celles-ci permettent d'introduire moins d'air dans la pâte et de ne pas trop la mélanger, en formant un huit dans la préparation. Remuez seulement le temps d'incorporer la mixture d'eau et d'œuf à la farine, en dépit d'éventuels grumeaux. Ce n'est pas grave, l'intérêt de ne pas trop mélanger est d'obtenir une pâte plus légère.
- Sans attendre, trempez un à un les légumes et les crevettes dans la pâte et plongez-les dans l'huile chaude pendant environ 2 minutes, et 4 minutes pour la racine de lotus. En ce qui concerne les feuilles de shiso, vous pouvez les retirer dès que la pâte devient dorée.

ASTUCE

Afin de garder la pâte froide au fur et à mesure que vous y trempez les éléments, placez le récipient dans une bassine remplie d'eau glacée et additionnée de glaçons.

9 Sur un bol de riz, déposez les tempuras et les œufs de saumon. Enfin, saupoudrez le tout d'algue nori découpée en confettis.

Vous voici prêt.e à déguster un bol de donburi aux tempuras légères et croustillantes !

油

TRIO D'ONIGIRI

L'ancienne équipe 7, composée de Naruto, Sakura, Sasuke et dirigée par Kakashi, est quelque chose qui nous manque dans *Naruto Shippuden*. C'est avec un brin de nostalgie que je vous propose cet assortiment d'onigiri, souvent consommés par les équipes durant les missions car pratiques à emporter, et qui correspondent chacun à un de nos trois personnages.

QUANTITÉ

3 onigiri

INGRÉDIENTS

300 g de riz japonais cuit (à peu près 100 g cru, voir recette de l'umeboshi omusubi, page 54)

1 œuf

50 g de poisson à chair blanche

150 g de pavé de saumon cru

2 cuil. à soupe de mirin

1 cuil. à soupe de sucre

1 cuil. à café de sel

Colorant alimentaire rose

1 cuil. à soupe de basilic pourpre

1 cuil. à café de graines de sésame noir

Huile de sésame

PRÉPARATION

- Commencez par préparer le riz japonais.
- Préparez ensuite la garniture en assaisonnant le pavé de saumon avec une quantité de sel suffisante pour en frotter toute la surface, puis faites le cuire sur une poêle recouverte de papier sulfurisé, à feu moyen. Déposez d'abord le saumon côté peau sur la poêle et laissez le cuire pendant 3 minutes, avant de le retourner et de le laisser cuire pendant 2 minutes supplémentaires.
- Une fois le saumon prêt, déposez-le sur une assiette puis écrasez-le à l'aide d'une fourchette. Des filaments de saumon devront encore être visibles, le but n'est donc pas de les écraser au point d'en faire une bouillie. Vous pouvez maintenant réserver le saumon de côté et passer aux éléments qui serviront à agrémenter le riz.
- Faites un œuf brouillé en remuant l'œuf à l'aide de baguettes dans une poêle chaude avec quelques gouttes d'huile de sésame et 1 pincée de sel. Mettez-le de côté.
- Hachez finement le basilic pourpre et réservez-le également.
- Vous allez maintenant préparer du sakura denbu, une sorte de poudre de poisson rose. Faites tout d'abord cuire le poisson dans de l'eau bouillante à feu moyen pendant 10 minutes.
- Une fois cuit, déposez-le sur une serviette et émiettez-le entre vos doigts. Cette étape permet aussi d'éponger le poisson et d'en retirer le plus d'eau possible.
- Dans un récipient, mélangez le mirin, le sucre et le sel. Versez cette préparation dans une casserole sur feu moyen, puis ajoutez-y le poisson émietté. Remuez le tout constamment à l'aide de baguettes qui vous permettront de continuer à émietter les morceaux de poisson en évitant

qu'ils ne s'agglutinent. Une fois le liquide évaporé, ajoutez 1 petite goutte de colorant alimentaire rose. Remuez jusqu'à ce que le poisson obtienne une couleur rose clair homogène. Il doit être le plus sec possible afin que le résultat soit léger et ne colle pas.

- Dans un bol, placez l'œuf brouillé. Dans un autre, le basilic pourpre et le sésame noir. Enfin, placez dans un dernier récipient le sakura denbu. Ajoutez 1 poignée de riz cuit dans chaque récipient et mélangez à l'aide d'une spatule.

- Humidifiez ensuite vos mains et saupoudrez-les de sel afin que le riz ne colle pas et soit plus facilement manipulable. Placez la moitié du riz d'une des trois préparations dans votre paume, formez une boule en pressant le riz à l'aide de votre autre main, creusez-y un trou avec vos doigts puis déposez-y une généreuse cuillère à café de saumon émietté. Recouvrez ensuite avec l'autre moitié de la préparation de riz et, en pressant doucement le tout entre vos mains, donnez-lui une forme triangulaire. Faites de même avec les deux autres préparations de riz.

- Enfin, présentez-les côte à côte sur un plat. Votre assortiment d'onigiri aux couleurs du trio emblématique de ninjas n'attend plus qu'à être dégusté !

MAQUEREAU GRILLÉ À LA KAKASHI (saba shioyaki)

Kakashi aime manger du poisson.
On le voit ainsi non seulement en déguster,
mais aussi en pêcher, et même en préparer
lorsqu'il était plus jeune, pour lui et pour son équipe.
Voici une des recettes de la mer préparées par Kakashi,
une recette traditionnelle simple,
appelée *saba shioyaki* en japonais.

QUANTITÉ

1 personne

INGRÉDIENTS

1 filet de maquereau

1 cuil. à soupe de saké

2 cuil. à café de sel casher

50 g de radis daikon

1 cuil. à café de sauce soja

1 quartier de citron jaune

Huile

PRÉPARATION

- Versez le saké sur le maquereau. Après 1 minute, épongez le poisson à l'aide d'une serviette en papier. Cette étape permet d'ajouter du goût au maquereau tout en adoucissant son odeur.
- Enrobez-le généreusement de sel sur les deux faces, et laissez reposer à température ambiante pendant 20 minutes. Cette étape sert à saler le poisson et à réduire l'odeur restante tout en raffermissant sa chair.
- Pendant ce temps, râpez finement le radis daikon. Vous obtiendrez une sorte de purée utilisée comme condiment.
- Au bout de 20 minutes, le maquereau a rejeté un peu d'eau. Épongez-le à nouveau à l'aide d'une serviette en papier afin de retirer l'excès d'humidité.
- Tapissez une poêle de papier d'aluminium. Versez dessus un léger filet d'huile et faites chauffer à feu moyen. Une fois la poêle chaude, déposez le maquereau côté peau et laissez-le cuire pendant 7 minutes.
- La peau grillée prendra une couleur dorée et vous pourrez alors retourner délicatement le poisson sur l'autre face et le laisser cuire pendant 6 minutes supplémentaires.
- Une fois le poisson cuit, déposez-le sur un plat, peau en haut. Ajoutez le radis daikon râpé à côté. Avant de déguster votre maquereau, versez la sauce soja sur le radis daikon et servez avec 1 quartier de citron.

Pour accompagner ce plat sobre mais qui fait son effet à l'image de Kakashi, rien de tel qu'un bon bol de riz fumant !

KITSUNE UDON

九

Le kitsune udon est un plat traditionnel japonais simple, quoique déconcertant par son côté sucré et sa touche épicée. Mais dans le folklore japonais, il est connu comme étant le plat préféré des renards. Il paraît qu'ils en raffolent, et c'est donc en pensant à notre démon renard préféré qu'une recette de kitsune udon, avec sa pincée d'épices aux couleurs de Kyubi, s'impose.

QUANTITÉ

1 personne

INGRÉDIENTS

2 morceaux de tofu frit inariage

1 portion de nouilles udon

1 cuil. à soupe de mirin

1 cuil. à café de sucre

1 cuil. à soupe de sel

1 cuil. à soupe de sauce soja claire

2 tranches de narutomaki (voir recette page 82)

Shichimi togarashi

BOUILLON DASHI

1 morceau de kombu d'environ 10 cm de côté

1 poignée de copeaux de bonite séchée

PRÉPARATION

- Dans une casserole, versez 50 cl d'eau et ajoutez-y le morceau de kombu. Laissez macérer pendant 2 heures, puis placez le tout sur feu doux. Juste avant que l'eau n'atteigne l'ébullition, retirez la casserole du feu.
- Retirez le kombu du bouillon et ajoutez les copeaux de bonite séchée. Remettez le tout sur feu doux jusqu'à ce que l'eau commence à bouillir. Vous pourrez alors retirer la casserole du feu et filtrer le bouillon afin de ne pas y laisser de bonite séchée.
- Épongez les morceaux de tofu afin d'en retirer l'excès d'huile.
- Faites cuire les nouilles udon en les plongeant dans une casserole d'eau bouillante à feu moyen, selon le temps indiqué sur le paquet. Égouttez les nouilles et réservez-les.
- Dans une casserole, versez le bouillon dashi, le mirin, le sucre, le sel et la sauce soja. Faites chauffer le tout à feu moyen en mélangeant. Une fois que le bouillon commence à bouillir, réduisez le feu et laissez mijoter le temps de dresser le plat.
- Dans un bol, déposez les nouilles udon, puis versez le bouillon aux trois quarts du niveau des nouilles. Ajoutez les morceaux de tofu frit sur le dessus, les tranches de narutomaki et enfin 1 pincée de shichimi togarashi pour relever le plat.

TAKOYAKI DU BIJÛ

八

Killer Bee est un personnage marquant de *Naruto Shippuden* ; son excentricité et sa capacité à aussi bien maîtriser son démon à queues y sont pour beaucoup. C'est un hôte remarquable qui s'entend bien avec son démon aux airs hybrides, mi-taureau mi-poulpe. Ses tentacules faisant office de queues sont ainsi un trait remarquable de Hachibi. Alors quoi de mieux que les plus célèbres spécialités au poulpe du Japon pour représenter ce démon et son hôte ?

QUANTITÉ

3 personnes

INGRÉDIENTS

PÂTE À TAKOYAKI

50 cl de bouillon dashi (voir recette page 17)

2 œufs

120 g de farine de blé

50 g de farine de riz (non gluant)

1 cuil. à café de sel

GARNITURE

300 g de tentacules de poulpe

1 oignon vert

Aonori

Copeaux de bonite séchée

Sel de mer

PRÉPARATION

- Commencez par préparer le dashi, il servira à ajouter plus de saveur à la pâte.
- Dans un récipient, déposez le poulpe et saupoudrez-le d'environ 2 cuillerées à soupe de sel de mer. Massez-le avec le sel de manière à en imprégner toute sa surface.
- Laissez le poulpe reposer pendant 30 minutes. Cette étape permet de retirer l'odeur du poulpe avant de le cuire.
- Après ce temps de repos, rincez le poulpe à l'eau froide afin de le nettoyer et de retirer le surplus de sel.
- Faites bouillir dans une casserole un volume d'eau suffisant pour recouvrir le poulpe. À ébullition, plongez-y le poulpe pendant 3 minutes.
- Une fois le poulpe cuit, découpez-le en morceaux d'un peu moins d'1 cm.
- Hachez finement l'oignon vert. Si vous ne disposez pas d'aonori, vous pouvez également hacher de l'algue nori de manière à en faire des flocons.
- Mélangez tous les ingrédients de la sauce dans un bol et réservez.
- Pour la pâte, battez les œufs dans le dashi refroidi à l'aide d'un fouet. Dans un autre récipient, mélangez la farine de blé, la farine de riz et le sel. Versez-y ensuite progressivement le mélange de dashi et d'œufs tout en remuant. Vous devez obtenir une pâte assez liquide et homogène.
- À l'aide d'un pinceau, badigeonnez d'huile votre machine ou poêle à takoyaki. Bien huiler sa surface facilitera la cuisson et garantira des takoyaki croustillants.

- Faites chauffer votre machine à takoyaki. Pour vérifier que la bonne température est atteinte, vous pouvez y déposer 1 goutte de pâte qui devra alors instantanément commencer à frire. Une fois la température de cuisson atteinte, versez la pâte dans la poêle.

ASTUCE

Pour verser la pâte plus facilement dans les trous, vous pouvez vous aider d'une carafe. Évitez de déborder des trous, mais verser de la pâte en trop n'est pas grave. Si la pâte se répand en dehors des trous, vous pourrez la séparer à l'aide d'une pique en bois ou de l'outil fourni avec la machine à takoyaki.

- Après avoir rempli les empreintes de takoyaki, déposez dans chacune 2 morceaux de poulpe et un peu d'oignon vert.
- Retournez les takoyaki quand la pâte se détache facilement de la poêle. Pour cela, effectuez un mouvement circulaire autour du takoyaki à l'aide d'une pique en bois. Retourner continuellement les takoyaki permet d'obtenir une forme bien ronde et une cuisson uniforme.

ASTUCE

Former les takoyaki peut être un peu compliqué si vous débutez. Vous pouvez commencer par retourner les takoyaki sur le côté, ils auront alors une forme de demi-cercle. Afin de combler la forme, ajoutez un peu de pâte à l'aide d'une petite cuillère, puis retournez le takoyaki pour le refermer sur lui-même. Continuez ensuite à le retourner pour perfectionner sa forme.

- Comptez 5 minutes de cuisson à partir du moment où vous avez commencé à retourner tous les takoyaki. Disposez-les sur une assiette.
- Avant de pouvoir vous attaquer à vos takoyaki, parsemez-les d'un peu d'aonori ou d'algue nori hachée finement, badigeonnez-les de sauce et ajoutez-y un peu de mayonnaise. Enfin, déposez par-dessus des copeaux de bonite séchée. Si votre plat de takoyaki semble bouger, c'est normal, il ne risque pas de vous attaquer ! En revanche, il peut être très chaud alors soyez prudent.e à la dégustation.

SAUCE POUR TAKOYAKI

2 cuil. à soupe de dashi
(voir recette page 17)

2 cuil. à soupe de ketchup

1 cuil. à soupe de sauce huître

1 cuil. à soupe de sauce Worcestershire

1 cuil. à café de sucre

Mayonnaise japonaise (kewpie)

DESSERTS

ANKO

L'anko, cette pâte de haricots rouges azuki sucrée, constitue un des éléments principaux de beaucoup de desserts appréciés à Konoha. On en retrouve ainsi par exemple en topping sur les dango, dans l'anmitsu, le dessert préféré de Sakura, ou encore dans le zenzai, celui de Hinata. Il a même donné son nom à la kunoichi (femme ninja) Anko Mitarashi. Pour réaliser ces gourmandises, il est donc essentiel de maîtriser la préparation de cette pâte de haricots rouges sucrée. La préparation de l'anko demande un peu de temps, mais le résultat en vaut la peine et cette pâte de haricots peut ensuite être utilisée dans de nombreux autres desserts !

QUANTITÉ

225 g d'anko

INGRÉDIENTS

75 g de haricots azuki

100 g de sucre en poudre

1 pincée de sel

PRÉPARATION

- Rincez les haricots azuki et retirez les éventuelles impuretés.
- Dans une casserole, versez les haricots azuki et recouvrez-les d'eau. Portez à ébullition pendant 5 minutes, puis jetez l'eau de cuisson en versant le tout dans une passoire. Cette étape permet de réduire l'amertume des haricots.
- Remettez les haricots égouttés dans la casserole et ajoutez-y 25 cl d'eau. Portez à ébullition, puis baissez le feu afin de les laisser mijoter à couvert pendant 1 h 30 à 2 heures sur feu doux. Les haricots doivent toujours être recouverts d'eau, n'hésitez donc pas à en rajouter si elle s'évapore.

ASTUCE

Pour vérifier la bonne cuisson des haricots, pressez-en un régulièrement, toutes les 30 minutes, entre vos doigts. La consistance finale doit être celle d'une purée homogène.

- Une fois les haricots cuits, égouttez-les et remettez-les dans une casserole, sur feu moyen. Ajoutez la moitié du sucre et mélangez le tout. Versez ensuite le reste de sucre et mélangez à nouveau.
- Intégrez le sel et continuez à remuer constamment jusqu'à ce que la pâte s'épaississe. C'est prêt !

ASTUCE

La pâte de haricots sucrée s'épaissit en refroidissant, vous pouvez donc arrêter la cuisson juste avant l'obtention de la consistance souhaitée. Si vous commencez à entendre comme des crépitements en frottant votre spatule contre le fond de la casserole, c'est que le mélange est sur le point d'atteindre la bonne consistance. À la fin, vous devriez aussi pouvoir tracer une ligne nette avec votre spatule sans que le mélange ne colle au fond de la casserole. Si tous ces signes sont réunis, alors vous pouvez retirer vos haricots du feu, vous venez d'en faire de l'anko !

忍

LE HANAMI DANGO

Le hanami dango est la variété de dango qui apparaît le plus dans *Naruto Shippuden*. C'est un dessert que l'on consomme habituellement au printemps à l'occasion de Hanami, le festival célébrant les cerisiers en fleurs (*sakura*). Ainsi, cette brochette tricolore se partage souvent avec ses proches et les personnes que l'on aime. Pour ma part, je me souviens particulièrement de ce moment où Izumi partage ses hanami dango avec Itachi !

QUANTITÉ

6 brochettes

INGRÉDIENTS

200 g de farine de riz gluant (shiratamako ou à défaut mochiko)

200 g de tofu soyeux

80 g de sucre en poudre

1 cuil. à café de poudre de thé matcha

1 cuil. à café de sirop de fraise

Colorant alimentaire rouge

Colorant alimentaire vert

PRÉPARATION

- Dans un saladier, mélangez la farine de riz gluant, le tofu soyeux et le sucre. Pétrissez le mélange à la main jusqu'à l'obtention d'une pâte homogène, non collante.

ASTUCE

Si votre pâte reste trop friable, n'hésitez pas à ajouter un peu d'eau, goutte à goutte et en pétrissant entre chaque goutte afin d'obtenir une pâte lisse qui ne colle pas.

- Divisez la pâte en 3 parts égales. Incorporez la poudre de thé matcha à l'une des parts. Si vous voulez obtenir une couleur verte plus vive, ajoutez 1 goutte de colorant alimentaire vert. Incorporez le colorant alimentaire rouge et le sirop de fraise à une autre part de manière à la colorer en rose. Quant à la dernière part, elle servira à former les boulettes blanches, vous pouvez donc la laisser telle quelle.

- Formez des boulettes vertes, roses et blanches en quantités égales. Vous devez obtenir 18 boulettes d'un diamètre d'environ 4 cm.
- Pour la cuisson, faites bouillir les boulettes dans une casserole assez grande pour qu'elles ne se collent pas entre elles. Une fois qu'elles remontent à la surface, elles sont prêtes et vous pouvez alors les plonger dans de l'eau glacée afin de les refroidir.
- Formez les brochettes en piquant les boulettes sur des tiges en bois dans le même ordre que celles dégustées par Itachi : une boulette verte, une blanche au milieu et pour finir une boulette rose. Et vous voici avec des hanami dango, à partager sans modération !

ASTUCE

N'hésitez pas à couper vos tiges en bois si elles sont trop longues afin d'obtenir des brochettes plus esthétiques. La présentation de ce joli dessert est très importante !

ANKO MITARASHI DANGO

Le dango est sûrement une des friandises les plus populaires dans le village de Konoha. On y trouve même un magasin spécialisé dans ces brochettes sucrées et qui en propose de toutes sortes. Parmi les habitants de Konoha, la kunoichi Anko Mitarashi en est bien la plus friande ! En hommage à cette grande amatrice de dango dont le nom fait même référence à des variétés de ce dessert japonais, je vous propose un assortiment d'anko dango et de mitarashi dango.

QUANTITÉ

4 brochettes

INGRÉDIENTS

PÂTE

100 g d'anko
(voir la recette page 110)

150 g de farine de riz gluant de type mochiko

150 g de tofu soyeux

2 cuil. à soupe de sucre

SAUCE MITARASHI

1 cuil. à café de fécule de maïs

1 cuil. à soupe de sauce soja

2 cuil. à soupe de sucre

PRÉPARATION

- Préparez la sauce mitarashi, une sauce sucrée-salée qui enrobe les mitarashi dango.
- Dans une casserole, diluez la fécule de maïs dans 7 cl d'eau. Cela évitera plus tard la formation de grumeaux. Ajoutez-y la sauce soja et le sucre, mélangez, puis faites chauffer le tout à feu moyen sans cesser de remuer jusqu'à ce que la sauce s'épaississe, ce qui peut prendre 3 à 5 minutes. La consistance obtenue doit faire penser à celle du miel.
- Préparez l'anko selon la recette page 110.
- Dans un saladier, mélangez la farine de riz gluant, le tofu soyeux et le sucre. La quantité de sucre est moindre, c'est normal, ces dango seront accompagnés d'un *topping* d'anko et nappés d'une sauce.
- Pétrissez le mélange à la main jusqu'à l'obtention d'une pâte homogène, non collante.
- Divisez la pâte en deux, puis continuez à diviser chaque section en deux jusqu'à l'obtention de 12 parts égales. Formez 12 boulettes.
- Dans une casserole assez grande pour qu'elles ne se collent pas entre elles, plongez-les délicatement dans de l'eau et portez le tout à ébullition. Une fois qu'elles remontent à la surface, les boulettes sont prêtes et vous pouvez alors les plonger dans de l'eau glacée afin de les refroidir.
- Formez les brochettes en piquant 3 boulettes sur chaque tige en bois.

- Dans une poêle antiadhésive ou très légèrement huilée à l'aide d'un papier essuie-tout imbibé d'huile et à feu vif, déposez les brochettes dango et faites-les dorer sur une face avant de les retourner et de faire de même avec l'autre.
- Une fois qu'ils sont bien dorés, placez les dango sur un plat et déposez sur la moitié d'entre eux un trait d'anko en guise d'accompagnement, puis nappez l'autre moitié avec la sauce mitarashi.

Vous voilà prêt.e à déguster un assortiment d'anko dango et de mitarashi dango ! Et pour cela, même pas besoin de vous déplacer au dangoya (magasin de dango) de Konoha.

SABLÉS DU DÉSERT

Gaara du désert est le Kazekage du village de Suna, le village caché du sable. En hommage à ce maître du sable, je vous propose une recette de sablés du désert à la poudre de graines de soja torréfiées, appelée kinako.

QUANTITÉ

12 sablés

INGRÉDIENTS

200 g de farine

120 g de beurre mou

80 g de sucre glace

50 g de kinako

1 œuf

1 pincée de sel

PRÉPARATION

- Préchauffez votre four à 180 °C (th. 6).
- Dans un saladier, incorporez la farine au beurre mou de manière à obtenir un mélange homogène.
- Ajoutez ensuite le sucre glace, le kinako, l'œuf et la pincée de sel, puis mélangez. Formez un boudin de pâte d'environ 6 cm de diamètre et enveloppez-le dans du film alimentaire.
- Laissez la pâte reposer au réfrigérateur pendant 30 minutes.
- Une fois la pâte durcie au frais, découpez-la en tranches d'environ 0,5 cm d'épaisseur de manière à former des sablés.
- Déposez les disques de pâte sur une plaque à pâtisserie recouverte de papier cuisson et enfournez-les pour environ 10 minutes.

À la sortie du four, laissez refroidir. Vos sablés du désert sont prêts à être dégustés !

愛

GLACE DE JIRAYA

油

On se rappelle ces moments passés avec Jiraya et Naruto, à regarder le maître et l'élève partager ces glaces à l'eau qui ont l'air si rafraîchissantes. J'ai toujours eu envie de goûter ces bâtonnets glacés et j'imagine que je ne suis pas la seule. Je vous propose donc mon interprétation de cette douceur.

QUANTITÉ

6 bâtonnets de glace (3 moules doubles)

INGRÉDIENTS

2 g de fleurs de pois papillon séchées

125 g de sucre

PRÉPARATION

- Retirez les queues des fleurs de pois papillon.
- Dans une casserole, portez 50 cl d'eau à ébullition, puis retirez-la du feu.
- Versez l'eau chaude dans un autre récipient et ajoutez-y les fleurs de pois papillon. Couvrez le récipient et laissez infuser pendant 3 minutes.
- Filtrez ensuite l'eau afin de retirer les fleurs. Ajoutez le sucre dans l'eau infusée et mélangez.
- Versez la préparation dans des moules à glace, de préférence doubles afin d'obtenir des glaces que vous pourrez partager en deux. Placez deux bâtonnets de bois dans chaque moule.
- Mettez les moules au congélateur quelques heures. Lorsque vous les sortirez du congélateur, vous vous retrouverez avec une glace à partager, mais aussi, peut-être, un peu de nostalgie.

油

SAKURA ANMITSU

Quand Naruto revient au village après ses années d'entraînement avec Jiraya, il invite Sakura au restaurant de ramen mais n'a pas assez d'argent. Elle lui fausse donc compagnie et se tourne vers un autre restaurant, où on la voit alors déguster un anmitsu, qui pourrait bien être son dessert préféré !

QUANTITÉ

1 personne

INGRÉDIENTS

1 boule de glace à la vanille
1 boule d'anko
(voir la recette page 110)
1 cerise avec sa queue
1 kiwi
10 g de pâte d'amandes rose

GELÉE KANTEN

2 g d'agar-agar ou poudre kanten
2 cuil. à soupe de sucre
Colorant alimentaire rouge

SHIRATAMA DANGO

40 g de farine de riz gluant shiratamako ou mochiko
1 cuil. à café de sucre

SIROP KUROMITSU

50 g de sucre muscovado
50 g de sucre

PRÉPARATION

- La base de l'anmitsu, ce dessert rafraîchissant et coloré, est la gelée kanten. Pour la réaliser, mélangez dans une casserole 25 cl d'eau et la poudre kanten. Portez le tout à ébullition sur feu moyen.
- Une fois que le mélange commence à bouillir, baissez le feu et remuez à feu doux tout en ajoutant le sucre au fur et à mesure ainsi qu'1 goutte de colorant alimentaire rouge. Après 3 minutes, retirez la casserole du feu.
- Versez la gelée kanten dans un récipient rectangulaire et laissez-la refroidir à l'air libre. Vous pouvez ensuite placer le plat au réfrigérateur.
- Les shiratama dango constituent une autre garniture idéale de l'anmitsu. Pour en confectionner, mélangez dans un récipient la farine de riz gluant, le sucre, et versez 4 cuillerées à soupe d'eau au fur et à mesure en remuant à l'aide d'une spatule. Une fois tous les ingrédients incorporés, pétrissez la pâte à la main.

ASTUCE

Si la pâte vous paraît encore trop friable, n'hésitez pas à ajouter une goutte d'eau avant de pétrir à nouveau. La texture doit être moelleuse.

- Avec la pâte obtenue, formez des boulettes d'environ 2 cm de diamètre. Pressez ensuite le centre des boulettes afin d'y faire un creux. Faites bouillir une casserole d'eau et plongez-y les dango. Retirez-les de la cuisson dès qu'ils remontent à la surface, puis placez-les dans un récipient rempli d'eau glacée.

- Pendant que les dango refroidissent, préparez le sirop kuromitsu. Dans une casserole, mélangez les sucres et 5 cl d'eau. Portez le tout à ébullition à feu moyen, puis baissez à feu doux et remuez. Une fois que le sirop s'est légèrement épaissi, retirez-le du feu et transvasez-le dans un autre récipient afin de le laisser refroidir à température ambiante.
- Aplatissez la pâte d'amandes et découpez dedans une fleur de cerisier à l'aide d'un emporte-pièce. Cette étape est facultative et sert surtout à la présentation harmonieuse du dessert.
- Épluchez le kiwi et découpez-le en tranches assez épaisses. Vous pouvez par exemple garnir votre anmitsu de 2 tranches d'environ 1 cm d'épaisseur.

- Démoulez la gelée kanten et découpez-la en cubes d'environ 1,5 cm de côté.
- Déposez les cubes de gelée au fond d'un bol ou d'une assiette creuse, puis disposez 1 boule de glace à la vanille au centre et 1 boule plus petite d'anko à côté. Remplissez l'espace restant avec les dangos, le kiwi et la cerise. Placez la fleur de sakura en pâte d'amandes sur la boule de glace. Vous pouvez ajouter 1 ou 2 autres fleurs découpées. Enfin, versez un peu de sauce kuromitsu sur votre dessert et servez le reste à part.

On comprend pourquoi Sakura raffole autant de l'anmitsu, à la fois si rafraîchissant et esthétique !

BRIOCHES UZUMAKI

Naruto est pour beaucoup une œuvre à lire et à voir, mais les scènes d'action et de combats jouent aussi pour beaucoup dans sa popularité. Dans cet esprit, cette brioche rappelle la plus célèbre attaque de Naruto. Avec son motif de tourbillon bleu évoquant le rasengan mais aussi le nom de Naruto, Uzumaki, qui veut dire « spirale » en japonais, cette recette de brioche sucrée vapeur vous fera un goûter simple, réconfortant et fera autant d'effet qu'un rasengan !

QUANTITÉ

3 personnes

INGRÉDIENTS

1 cuil. à café de fleurs de pois papillon

250 g de farine de blé + pour le façonnage

60 g de sucre en poudre

1 cuil. à café de levure boulangère

8 cl de lait

2 cuil. à café d'huile de tournesol

PRÉPARATION

- Retirez les queues des fleurs de pois papillon. Mettez-les à infuser dans 8 cl d'eau chaude pendant 10 minutes.
- Dans un saladier, mélangez la moitié de la farine, la moitié du sucre et la moitié de la levure. Faites de même dans un autre saladier.
- Versez ensuite graduellement le lait dans le premier saladier tout en mélangeant. Faites de même avec l'eau teintée et infusée par les fleurs de pois papillon dans la 2e pâte.
- Dans chacun des saladiers, ajoutez 1 cuillerée à café d'huile avant de commencer à pétrir les pâtes. Le résultat ne devrait plus vous coller aux doigts ni au fond des saladiers.
- Farinez votre plan de travail et, à l'aide d'un rouleau à pâtisserie, étalez la pâte blanche, puis la pâte bleue. L'épaisseur des pâtes ne doit pas dépasser 0,5 cm.
- Placez ensuite la feuille de pâte blanche sur la feuille de pâte bleue et utilisez à nouveau le rouleau à pâtisserie pour faire adhérer les deux pâtes et lisser la surface.

- Découpez les extrémités de la pâte afin d'obtenir une forme de spirale plus nette, puis roulez la pâte sur elle-même.

ASTUCE

Si la pâte n'adhère pas bien lorsque vous la roulez, balayez l'excès de farine éventuel sur sa surface. Vous pouvez également très légèrement humidifier la pâte à l'aide d'un pinceau au fur et à mesure que vous la roulez.

- Une fois la pâte roulée, coupez les extrémités afin d'avoir des morceaux uniformes. Découpez ensuite la pâte en tronçons d'environ 6 cm de longueur.
- Déposez les morceaux de pâte sur une surface farinée et recouvrez-les d'un torchon. Laissez-les reposer à température ambiante pendant 1 heure.
- Au bout d'1 heure, la pâte devrait avoir gonflé. Déposez les morceaux de pâte dans un panier-vapeur recouvert de papier sulfurisé, puis faites-les cuire à la vapeur à feu moyen pendant 12 minutes. Si votre panier-vapeur n'est pas assez grand, procédez en plusieurs fois.
- Une fois les mantou cuits, vous pouvez déguster ces pains briochés moelleux et légers !

HYOROGAN BUBBLE TEA

S'il y a bien quelque chose qui m'a toujours intriguée dans le monde des shinobi, ce sont ces petites boules sombres qu'ils avalent pendant les missions. Ces rations de combat pour ninja appelées *hyorogan* les aident à reprendre des forces pour rester opérationnels, mais elles auraient, paraît-il, un goût infect. À défaut de croquer dans ces médicaments, je me suis dit que les substituer par des boules de tapioca sucrées dans une boisson bubble tea requinquante au lait et au thé matcha connu pour ses bienfaits serait bien plus agréable.

QUANTITÉ

1 personne

INGRÉDIENTS

75 g de farine de tapioca

90 g de sucre muscovado

1 cuil. à soupe de poudre de thé matcha

1 verre de lait

1 cuil. à soupe de miel

PRÉPARATION

- Dans une casserole, faites chauffer 5 cl d'eau et la moitié du sucre à feu moyen en mélangeant. Une fois le sucre dissous, ajoutez la moitié de la farine de tapioca, puis continuez de remuer jusqu'à l'obtention d'une pâte homogène.
- Retirez la casserole du feu avant d'intégrer le reste de farine de tapioca. Mélangez à nouveau à l'aide d'une spatule, puis continuez à la main en pétrissant la pâte obtenue sur un plan de travail. Pétrissez jusqu'à ce que la farine soit bien incorporée à la pâte, qui doit être lisse et non collante.
- Formez ensuite un long boudin en faisant rouler la pâte entre vos mains, puis découpez la pâte en boulettes d'environ 0,5 cm de diamètre.
- Portez une casserole d'eau à ébullition à feu moyen et versez-y les perles

de tapioca. Laissez-les cuire pendant 15 minutes tout en vous assurant constamment qu'elles ne collent pas entre elles. Pour cela, remuez de temps en temps. Une fois les perles cuites, égouttez-les.

- Dans une poêle sur feu moyen, faites chauffer le reste de sucre avec 1 cuillerée à soupe d'eau. Une fois le sucre dissous, ajoutez-y les perles de tapioca, puis mélangez continuellement à l'aide d'une spatule jusqu'à ce que les perles soient enrobées de caramel. Transvasez-les dans un récipient.
- Mélangez 4 cl d'eau chaude et la poudre de thé matcha.
- Dans un verre, déposez les perles de tapioca, puis versez dessus le lait chaud ou froid en fonction de vos préférences tout en laissant assez de marge pour le thé matcha. Ajoutez le miel et enfin le thé matcha. Avant de déguster votre boisson, remuez le tout à l'aide d'une paille.

À défaut des vertus médicinales des pilules hyorogan, vous pourrez profiter d'une boisson et de perles qui, elles, sont loin d'avoir un goût aussi infect !

AME MOCHIS

Le village d'Ame est réputé pour être un village froid, hostile et aux pluies continuelles. Il a aussi vu grandir des ninjas talentueux, dont les plus marquants sont sans doute Nagato, Yahiko et Konan, ces anciens élèves de Jiraya qui ont joué un rôle important dans *Naruto Shippuden*. En hommage à ce trio iconique, voici un assortiment de mochis glacés aux couleurs de ces ninjas.

QUANTITÉ

6 mochis

INGRÉDIENTS

50 ml de crème glacée à la patate douce violette (voir recette page 156)

50 ml de crème glacée à l'orange

50 ml de crème glacée aux fruits rouges

9 cuillères à soupe de farine de riz gluant mochiko

Maïzena®

PRÉPARATION

- Dans 3 coupelles allant au micro-ondes, laissez fondre à température ambiante environ 2 cuillerées à soupe de chaque crème glacée.
- Divisez la quantité de farine de riz gluant en 3 parts égales, puis incorporez 1 part dans chaque coupelle de crèmes glacées.
- Placez les mélanges un à un au micro-ondes pendant 1 minute, puis mélangez avant de les replacer tour à tour au micro-ondes pour 45 secondes de plus.
- Pétrissez les pâtes obtenues sur un plan de travail saupoudré de fécule de maïs afin qu'elles ne collent pas.
- Une fois les pâtes devenues homogènes et lisses, étalez-les le plus finement possible, puis découpez des carrés d'environ 7 cm de côté.
- Déposez dans chaque carré de pâte une petite boule de chaque crème glacée avant de les refermer en repliant et en pinçant les extrémités de pâte sur le centre.
- Placez 2 heures au congélateur avant de déguster ces mochis tricolores fourrés à la glace.

GAMAMOCHI ET GAMABUNTA

Le mont Myôboku est connu pour être la demeure des crapauds, ces batraciens invoqués par Jiraya ou encore Naruto. Parmi ceux que l'on voit souvent, on peut notamment compter sur Gamabunta et son fils Gamakichi. En hommage à ces crapauds attachants, je vous propose une recette de buns garnis à la pâte de mochi et à l'anko, en forme de crapaud.

QUANTITÉ

12 buns

INGRÉDIENTS

200 g d'anko (voir recette page 110)

1 stylo pâtissier au chocolat ou 20 g de chocolat noir fondu

PÂTE BRIOCHÉE

250 g de farine de blé + pour le façonnage

2 cuil. à soupe de sucre

4 g de levure de boulanger sèche

20 cl de lait

1 cuil. à soupe de lait concentré

20 g de beurre mou

PÂTE DE MOCHI

100 g de farine de riz gluant mochiko

10 cl de lait

1 cuil. à soupe de lait concentré

PRÉPARATION

- Délayez la levure dans 20 cl de lait tiède et laissez le mélange reposer pendant 10 minutes.
- Dans un cul-de-poule, mélangez la farine de blé et le sucre. Incorporez le lait concentré et la levure délayée dans le lait.
- Pétrissez la pâte obtenue à la main sur un plan de travail fariné. Une fois la pâte devenue homogène, incorporez-y le beurre mou en repliant la pâte sur elle-même et en continuant de pétrir.
- Placez la pâte dans un saladier, puis filmez-la avant de la laisser reposer pendant 1 à 2 heures à température ambiante, le temps qu'elle double de volume.

Pendant que la pâte repose, préparez la pâte de mochiko.

- Dans un récipient allant au micro-ondes, mélangez la farine de riz gluant, le lait et le lait concentré.
- Placez le tout au micro-ondes pendant 1 minute, puis remuez la pâte à l'aide d'une spatule. Replacez la pâte au micro-ondes pour 45 secondes de plus et mélangez. La pâte obtenue, bien que collante, doit se détacher des parois du récipient.
- Après repos, dégazez la pâte briochée, puis découpez-la en 13 parts égales. Avec 12 morceaux de pâte, formez des disques en les aplatissant au rouleau à pâtisserie ou à la main.
- Préchauffez le four à 150 °C (th. 5).

NARUTO
SHIPPŪD

油

油

- Prélevez l'équivalent d'une grosse cuillerée à soupe de pâte à mochis et aplatissez-la dans votre main avant de la déposer au centre de la pâte à buns. Déposez par-dessus 1 cuillerée à soupe d'anko. Recouvrez cette garniture avec les extrémités de la pâte tout en reformant une boule. Déposez les boules au fur et à mesure sur une plaque recouverte de papier sulfurisé.
- Formez de petites boules avec la pâte restante et assemblez-les sur les boules de pâte fourrée, deux de chaque côté pour former des yeux.
- Enfournez pour 15 minutes.
- Laissez les petits pains refroidir à température ambiante, puis, à l'aide d'un stylo pâtissier ou d'une pique plongée dans un peu de chocolat fondu, dessinez les yeux des grenouilles ainsi que leur bouche.

C'est sûr qu'il serait plus rapide d'invoquer directement les plats chez soi, mais au moins vous serez certain.e de pouvoir avaler ces grenouilles-là sans conséquences.

NARUTOMAKI COOKIES

Les narutomaki sont ces garnitures accompagnant souvent les ramen rappelant une forme de fleur, avec une spirale (*uzumaki* en japonais) au milieu. Ayant d'ailleurs inspiré le prénom du héros, le narutomaki est sûrement ce qui représente le mieux Naruto Uzumaki. Il serait donc dommage de ne pas aussi proposer une version sucrée et gourmande en trompe l'œil de ce fameux narutomaki.

QUANTITÉ

12 cookies

INGRÉDIENTS

250 g de farine

150 g de beurre mou

120 g de sucre glace

1 blanc d'œuf

1 pincée de sel

1 goutte d'arôme de vanille

40 g de poudre d'amandes extra-fine

Colorant alimentaire rouge

PRÉPARATION

- Après avoir laissé le beurre ramollir à température ambiante, battez-le à l'aide d'un fouet ou d'un batteur électrique dans un cul-de-poule jusqu'à obtenir une texture de crème épaisse.
- Ajoutez le sucre en poudre, puis mélangez le tout, toujours à l'aide d'un fouet ou d'un batteur électrique. Une fois le sucre incorporé, incorporez le blanc d'œuf, la pincée de sel et l'arôme de vanille, puis mélangez.
- Dans un récipient à part, mélangez la farine et la poudre d'amandes. Cette dernière doit être fine, puisque vous allez devoir tamiser ce mélange au-dessus de la préparation précédente. Mélangez à l'aide d'une spatule jusqu'à avoir intégré toute la farine et obtenir une pâte homogène qui se détache facilement des parois du récipient.
- Prélevez environ un quart de la pâte. Dans un récipient à part, versez 1 goutte de colorant alimentaire rouge sur ce morceau de pâte, puis pétrissez afin de le colorer en rose.
- Entre deux feuilles de papier sulfurisé, aplatissez la pâte rose avec un rouleau à pâtisserie de manière à obtenir la plus fine épaisseur possible. Étalez le reste de pâte sans dépasser 1 cm d'épaisseur. Les deux rectangles de pâte doivent être de la même longueur.

- Découpez les bords des deux feuilles obtenues de manière à leur donner une forme rectangulaire, puis déposez la feuille de pâte rose au centre de la pâte blanche. Toujours entre deux feuilles de papier sulfurisé, passez le rouleau à pâtisserie sur les deux pâtes de manière à faire adhérer la pâte rose à la pâte blanche, sans pour autant l'incorporer dans son épaisseur. N'aplatissez pas plus les pâtes.
- Gardez le papier sulfurisé et placez cette pâte au réfrigérateur pendant 1 heure.
- Retirez ensuite la feuille de papier sulfurisé recouvrant la pâte, puis, à l'aide de celle du bas, roulez la pâte sur elle-même. Lissez la jointure avec les doigts afin qu'elle soit le moins visible possible.
- Laissez à nouveau reposer la pâte enroulée au réfrigérateur pendant 1 heure.
- Préchauffez le four à 160 °C (th. 5/6). Sortez la pâte du réfrigérateur, retirez la feuille de papier sulfurisé puis, à l'aide d'un couteau ou d'une baguette, donnez une forme dentelée au boudin en effectuant une pression à intervalles réguliers sur sa longueur.
- Découpez la pâte en tranches d'environ 1 cm d'épaisseur. Le motif en forme de spirale rose devrait être visible sur la surface des tranches. Déposez-les sur une plaque recouverte de papier sulfurisé, puis enfournez-les pour 15 à 20 minutes. Les cookies ne doivent pas brunir à la cuisson.
- À la sortie du four, laissez-les refroidir à température ambiante.

Une fois refroidis, vous pouvez déguster vos narutomaki cookies, peut-être pas en accompagnement d'un bol de ramen, mais ils sont parfaits avec une tasse de thé.

NERIKIRI EXPLOSIF

Comme beaucoup, j'ai été surprise la première fois que j'ai vu Deidara engouffrer de l'argile pour en faire des armes explosives. Ses œuvres d'art, comme il les appelle, représentent très souvent des animaux ou des insectes. Parmi ces derniers, il semble particulièrement apprécier de façonner des araignées. Si vous vous êtes déjà demandé ce que cela faisait de mâchonner des araignées en pâte, voici une alternative en *nerikiri*, cette pâte de haricots blancs sucrée utilisée dans certains desserts traditionnels japonais.

QUANTITÉ

4 à 8 araignées en fonction de la taille de vos sculptures

INGRÉDIENTS

SHIROAN

100 g de haricots de Lima

80 g de sucre

1 pincée de sel

WAGASHI

Shiroan

1 cuil. à café rase de farine de riz gluant mochiko

PRÉPARATION

- Rincez les haricots blancs et retirez les éventuelles impuretés. Dans un bol, versez les haricots rincés et recouvrez-les d'eau. Laissez-les reposer ainsi pendant une nuit.
- Après ce temps de repos, la peau des haricots devrait pouvoir s'enlever aisément. Retirez leur peau et déposez les haricots dans une casserole, recouvrez-les d'eau, puis portez à ébullition pendant 5 minutes avant de jeter l'eau de cuisson en égouttant les haricots à l'aide d'une passoire. Cette étape permet de réduire l'amertume des haricots.
- Remettez les haricots égouttés dans la casserole et ajoutez-y assez d'eau pour les recouvrir. Portez à ébullition sur feu moyen, puis baissez le feu afin de les laisser mijoter à couvert pendant 1 h 30 à 2 heures sur feu doux. Les haricots doivent toujours être recouverts d'eau, n'hésitez donc pas à en rajouter si elle s'évapore.

ASTUCE

Afin de vérifier la bonne cuisson des haricots, pressez-en un régulièrement, toutes les 30 minutes, entre vos doigts. La consistance finale doit être celle d'une purée homogène.

- Une fois les haricots cuits, égouttez-les, puis écrasez-les sur un tamis à l'aide d'une spatule. Vous obtiendrez alors une purée lisse et homogène.

青

- Faites chauffer cette pâte de haricots dans une poêle anti-adhésive, avec le sucre et le sel, sur feu moyen. Remuez constamment jusqu'à ce que la pâte s'épaississe. Au début, elle vous paraîtra plus liquide, mais elle va s'épaissir au fur et à mesure de la cuisson. Le shiroan est prêt lorsque la pâte épaisse ne vous colle plus aux doigts. Retirez alors la poêle du feu.
- Transférez le shiroan dans un récipient et laissez-le refroidir.
- Mélangez dans une coupelle la farine de riz gluant et 1 cuillerée à café d'eau. Une fois la farine de riz gluant diluée, placez la coupelle au micro-ondes pendant 20 secondes, puis mélangez la pâte obtenue. Répétez cette opération jusqu'à ce que la pâte ne colle plus aux parois de la coupelle.
- Ajoutez la pâte de mochi au shiroan, puis mélangez le tout avec une spatule jusqu'à l'incorporation de la pâte. La pâte obtenue ne doit pas coller et doit être facilement manipulable avec vos doigts.
- Pétrissez le nerikiri et formez 3 boules de tailles différentes : une petite, une moyenne et une grande. Aplatissez le reste de pâte et découpez 8 rectangles fins qui constitueront les pattes de l'araignée.
- Assemblez les boules et les pattes pour former vos araignées.

Si Deidara semble pouvoir ingurgiter ses œuvres, la vôtre a le mérite de ne pas exploser tout en restant parfaitement comestible.

LA ROSE D'AME

Ce nom, rose d'Ame, devrait vous rappeler une certaine Kunoichi aux cheveux violets ornés d'une rose en papier et originaire du village d'Ame. Voici un dessert à l'image de Konan, ce personnage marquant de *Naruto Shippuden*.

QUANTITÉ

300 g de glace

INGRÉDIENTS

25 cl de crème liquide entière

5 cl de lait concentré sucré

½ cuil. à café de poudre d'ube ou de patate douce violette

Cornets à glace

PRÉPARATION

- Commencez par réaliser une glace à l'ube ou à la patate douce violette. Pour cela, fouettez dans un saladier la crème liquide à l'aide d'un batteur électrique ou d'un fouet jusqu'à ce que le mélange prenne de la densité.
- Ajoutez alors le lait concentré, puis continuez à battre la crème.
- Une fois le lait concentré bien incorporé, ajoutez la poudre d'ube, puis continuez à fouetter la crème.
- Transvasez la crème devenue épaisse dans une boîte. Couvrez le récipient et placez-le au congélateur pendant au moins 4 heures.
- La crème glacée est prête. Vous pouvez maintenant déposer des boules de cette glace sur les cornets.

Une fois que la forme de la rose vous satisfait, vous pouvez passer à la dernière étape : la dégustation !

白

LE GÂTEAU D'ANNIVERSAIRE DES NINJAS

Le fraisier japonais est un gâteau très prisé pour sa légèreté et sa finesse. Nous vous proposons cette recette pour régaler votre ninja préféré pour son anniversaire !

QUANTITÉ

4 personnes

INGRÉDIENTS

GÉNOISE

4 œufs

8 cl de lait

3 cuil. à soupe de beurre fondu

120 g de farine

1 cuil. à café de levure chimique

100 g de sucre vanillé

1 pincée de sel

CRÈME

35 cl de crème fraîche épaisse entière

150 g de mascarpone

100 g de sucre

½ cuil. à café d'extrait de vanille

DÉCORATION

60 g de chocolat noir

60 g de chocolat blanc

1 douzaine de fraises

PRÉPARATION

- Préchauffez le four à 160 °C (th. 5/6).
- Séparez les blancs des jaunes d'œufs. Dans un cul-de-poule, mélangez les jaunes avec le lait et le beurre fondu à l'aide d'un fouet ou d'un batteur électrique. Incorporez ensuite la farine et la levure chimique.
- Battez les blancs en neige avec le sel, en ajoutant le sucre petit à petit, en procédant par cuillerées. Les blancs doivent être bien fermes. Incorporez-les délicatement à la pâte. Intégrez-les en deux ou trois fois avec une spatule, avec des mouvements délicats et circulaires, pour obtenir une pâte aérée.
- Versez la pâte dans un moule rond tapissé de papier sulfurisé, puis enfournez pour 20 à 25 minutes. Pour vérifier la cuisson de la génoise, plantez-y un couteau qui doit ressortir sans trace.
- Pendant ce temps, dans un saladier, fouettez la crème fraîche épaisse, le mascarpone, le sucre et l'extrait de vanille jusqu'à ce que le mélange s'épaississe.
- Faites fondre le chocolat noir et versez-le sur une surface recouverte de papier sulfurisé. Laissez le chocolat se solidifier, puis découpez une plaque rectangulaire assez large pour écrire **おたんじょうび おめでとう**, qui signifie « joyeux anniversaire » en japonais.
- Une fois la plaque de chocolat noir devenue rigide, faites fondre le chocolat blanc et versez-le dans un cône en papier ou une poche à douille pour y tracer les caractères. Vous pouvez vous entraîner avant sur du papier sulfurisé.
- Gardez les 8 plus belles fraises pour la décoration, puis équeutez les autres et découpez-les en 4 tranches.

Vous pouvez maintenant passer à l'assemblage du gâteau.

おたん
お

- Démoulez délicatement la génoise refroidie, puis coupez-la dans le sens horizontal en 2 disques égaux.
- Placez le premier disque de génoise sur un plat, recouvrez-le d'une couche généreuse de crème. Disposez les tranches de fraises sur la crème, puis recouvrez-les d'une autre couche de crème. Déposez le deuxième disque de génoise, enrobez-le de crème à l'aide d'une spatule. Décorez le haut du gâteau avec les 8 fraises réservées et déposez entre les fruits des touches de crème à l'aide d'une poche à douille. Enfin, surplombez le tout de la plaque en chocolat.
- Vous venez de réaliser un gâteau moelleux et crémeux, idéal comme surprise pour une personne que vous appréciez.

寿

ZENZAI

Le zenzai serait le plat préféré de Hinata.
Ce dessert traditionnel composé d'une soupe sucrée à l'anko
et de dango lui ressemble par sa simplicité et sa douceur.

QUANTITÉ

1 personne

INGRÉDIENTS

SOUPE DE HARICOTS ROUGES

200 g d'anko (voir recette page 110)

SHIRATAMA DANGO

50 g de farine de riz gluant shiratamako ou mochiko

1 cuil. à café de sucre

PRÉPARATION

- Commencez par confectionner les shiratama dango en mélangeant dans un récipient la farine de riz gluant, le sucre, et enfin 3 cuillerées à soupe d'eau au fur et à mesure à l'aide d'une spatule.
- Une fois tous les ingrédients incorporés, pétrissez la pâte à l'aide de vos doigts.

ASTUCE

Si la pâte vous paraît encore trop friable, n'hésitez pas à ajouter 1 goutte d'eau avant de pétrir à nouveau. La texture doit être moelleuse.

- Avec la pâte obtenue, formez des boulettes d'environ 2 cm de diamètre.
- Faites bouillir une casserole d'eau et plongez-y les dango. Retirez-les une fois qu'ils remontent à la surface, puis placez-les dans un récipient rempli d'eau glacée.
- Dans une casserole, préparez maintenant la soupe de haricots rouges en diluant l'anko dans 7,5 cl d'eau, puis en portant le tout à ébullition.
- Versez ensuite la soupe dans un bol et déposez-y les shiratama dango.

Le zenzai est prêt et peut se déguster chaud ou refroidi selon vos envies.

9

INDEX DES INGRÉDIENTS

REMERCIEMENTS

À mon agence, Bolt Influence, et plus précisément à mon agent Laura Couso, ainsi qu'à ma maison d'édition, HUGINN & MUNINN, qui ont travaillé avec passion à mes côtés pour la création de ce livre. À mes amis qui m'accompagnent toujours dans l'accomplissement des idées les plus optimistes. À ma famille qui m'a sans cesse encouragée dans la poursuite de mes passions. À mes abonnés et à tous ceux qui m'ont soutenue dans la réalisation de mes projets. Et bien sûr, à mes *sensei*, celles qui m'ont transmis cet amour pour la cuisine et les bons plats qui réconfortent. Merci à mes grands-mères, les *sensei* qui m'inspirent toujours par leur savoir-faire et la chaleur qu'elles insufflent dans tout ce qu'elles créent.

Les éditions Huginn&Muninn tiennent à remercier les équipes de TV Tokyo, de Shueisha et de Mediatoon Licensing, pour avoir œuvré en faveur de ce livre.

Un grand merci également à Laure et à Agathe des Éditions de La Martinière pour leur aide.